Markus Schirner

# Pendel-Welten

Das große **ARBEITSBUCH**
für Anfänger und Fortgeschrittene

Die Ratschläge in diesem Buch sind sorgfältig erwogen und geprüft. Sie bieten jedoch keinen Ersatz für kompetenten medizinischen Rat. Alle Angaben in diesem Buch erfolgen daher ohne Gewährleistung oder Garantie seitens des Autors oder des Verlages. Eine Haftung des Autors bzw. des Verlages und seiner Beauftragten für Personen-, Sach- und Vermögensschäden ist ausgeschlossen.

Wir verzichten auf das Einschweißen unserer Bücher – **UNSERER UMWELT ZULIEBE!**

ISBN: 978-3-8434-0334-4

| Markus Schirner: | Umschlag: Simone Fleck, Schirner, |
| Pendel-Welten | unter Verwendung von #613269992 |
| Das große Arbeitsbuch für | (© Elena Schweitzer), #301560143 (jessicahyde), |
| Anfänger und Fortgeschrittene | #655572385 (© Elen Koss) & #257221240 (© MSSA), |
| © 1995, 2018 | www.shutterstock.com |
| Schirner Verlag GmbH & Co. KG | Layout: Simone Fleck, Schirner |
| Birkenweg 14a, 64295 Darmstadt | Lektorat: Bastian Rittinghaus, Schirner |
| E-Mail: gpsr@schirner.com | Druckproduktion: Ren Medien GmbH, Filderstadt |
| | Printed in Czech Republic |

www.schirner.com

26. Auflage Dezember 2025

Alle Rechte der Verbreitung, auch durch Funk, Fernsehen und
sonstige Kommunikationsmittel, fotomechanische oder vertonte Wiedergabe
sowie des auszugsweisen Nachdrucks vorbehalten

# Inhalt

Vorwort .................................................................. 4

Einleitung .............................................................. 5

Der praktische Umgang mit dem Pendel ............... 7

Grundübungen ...................................................... 9

Das Arbeiten mit Pendeldiagrammen ................. 13

Zum Schluss ........................................................ 90

Über den Autor ................................................... 94

Bildnachweis ....................................................... 94

Literaturverzeichnis ............................................ 95

## Pendeltafeln

Pendelfähigkeit .................................................. 14

Die richtige Pendelkarte ..................................... 15

Zahlen, Buchstaben, Prozent ............................. 16

Identifizierung von Störzonen ............................ 17

Wasser ................................................................ 18

Biometer nach A. Bovis ...................................... 20

Wettervorhersage ............................................... 21

Chakras ............................................................... 22

Meridiane ............................................................ 23

Bachblüten .......................................................... 24

Kalifornische Blütenessenzen ............................ 25

LichtWesen-Meisteressenzen ............................ 27

Aura-Soma-Essenzen ......................................... 28

Aura-Soma-Pomander /
-Quintessenzen ................................................... 31

Ätherische Öle .................................................... 32

Bäume ................................................................. 36

Räuchern ............................................................. 37

Diagnose ............................................................. 38

Die richtige Therapie .......................................... 42

Homöopathie ...................................................... 44

Biochemie ........................................................... 51

Vitamine .............................................................. 52

Mineralstoffe und Spurenelemente .................... 53

Ernährungstherapie mit
Sprossen und Keimen ........................................ 54

Tee ...................................................................... 56

Chinesische Heilkräuter und Pflanzen ............... 59

Europäische Heilkräuter ..................................... 60

Indianische Heilkräuter und Pflanzen ................ 62

Farben ................................................................. 63

Edelsteine und Mineralien .................................. 64

Meditationstechniken ......................................... 70

Reinkarnation ..................................................... 71

Die höheren Karma-Gesetze .............................. 77

Typologie des Enneagramms ............................. 78

Lebensfragen ...................................................... 79

Runen ................................................................. 81

Schamanische Totemtiere .................................. 83

I-Ging-Orakel ...................................................... 84

Astrologie ........................................................... 85

Tarot ................................................................... 88

# Vorwort

*»Du gleichst dem Geist, den du begreifst.«*

*Johann Wolfgang v. Goethe*

»Pendel-Welten« ist der erste Band einer zweiteiligen Buchreihe zum Thema Radiästhesie; der zweite Band heißt »Ruten-Welten«. Radiästhesie bedeutet Strahlenfühligkeit; sie ist eine Fähigkeit, die grundsätzlich alle Lebewesen (Mensch, Tier und Pflanze) besitzen.

In der Anwendung geht es um die besondere Sensibilität für unsichtbare Strahlungen, Schwingungen, Eindrücke usw., die wir alle empfinden und die entweder mittels eines Pendels oder einer Rute sichtbar gemacht werden können. Sie lassen sich nach bestimmten erlernbaren Grundsätzen und Methoden deuten und bewerten.

Pendel oder Rute sind Verstärker, die die Wahrnehmung des Radiästheten, d.h. des Pendlers oder des Rutengängers, übersetzen. Der Radiästhet ist hierbei Empfänger und Sender in einer Person.

Beide Bücher sind aus der Praxis für die Praxis geschaffen worden, also für Einsteiger besonders geeignet. Aber auch Fortgeschrittene werden in der Fülle des Materials Neues für sich entdecken.

Diese Fähigkeit der Strahlenfühligkeit möchte ich mit beiden Büchern bei Ihnen wecken. Weiterführende Literatur finden Sie in großer Zahl, aber praktische Anleitungen gibt es wenige. Denken Sie daran: Radiästhesie richtig zu beherrschen, ist eine Kunst, sie bewusst anzuwenden eine Wissenschaft.

In diesem Sinne wünschen Ihnen der Autor, die Grafiker, die Lektoren und der Verlag viel Erfolg. Motto dieser praktischen Bände ist: Übung macht den Meister bzw. die Meisterin!

*Viel Spaß beim Pendeln!*
*Ihr Markus Schirner*

# Einleitung

Dieses Buch stellt Ihnen eine praktische Arbeitsunterlage zur Verfügung, die das Arbeiten mit Pendel und Rute im täglichen Leben erleichtert. Dank sachlicher, kurz und bündig formulierter Anweisungen erhalten Sie einen schnellen Zugang zur Arbeit mit dem Pendel.

Sinn dieses Buches ist nicht, tief in die Philosophie des Pendelns einzusteigen oder sich mit den dahinter stehenden Energien auseinanderzusetzen. Selbstverständlich halte ich dies jedoch für notwendig und empfehle auch, sich mit Sachbüchern zum Thema eingehend zu beschäftigen. Im Anhang dieses Buches finden Sie entsprechende Literaturhinweise.

## Allgemeines

Jeder Mensch ist grundsätzlich dazu fähig, mit Pendel und Rute zu arbeiten. Nur wenige Gründe mindern diese Fähigkeit, deshalb zwei wichtige Punkte zu Beginn:

- Üben, üben, üben – wie in der Schule beginnt jedes Können mit dem ersten Schritt und wird durch stetes Ausprobieren und Üben meisterhaft.

- Fehler gehören zum Lernprozess. Kein Ergebnis ist unfehlbar. Wenn Sie jedoch ohne egoistische Gedanken, zum Wohle anderer oder auch nur aus Gründen geistiger Reifung an sich arbeiten, werden die Ergebnisse des Pendelns sicher, klar und zuverlässig.

Nur durch praktische Arbeit erlernen Sie den Umgang mit dem Pendel bzw. der Rute. Arbeiten Sie sich Schritt für Schritt vor, und beachten Sie die folgenden Grundgedanken zu diesem umfangreichen Thema.

## Grundgedanken

- Die geistig-seelische Entwicklungsstufe eines Menschen spiegelt sich in seinen Pendelergebnissen wider.

- Die Steigerung der eigenen Sensibilität erhöht die Pendelfähigkeit. Je feinfühliger Sie Ihre Umwelt wahrnehmen, desto präziser werden Ihre Pendelergebnisse sein.

- Der Umgang mit anderen Menschen und feinstofflichen Dingen sowie die Verbindung zu höheren Geisteswelten erfordern, dass Sie frei sind von Egoismus. Pendeln Sie nur aus folgenden Gründen:
  - zur Geistesschulung aus wahrhaftigem Erkenntnistrieb – um der Wahrheit willen
  - selbstlos, um anderen Menschen oder Wesen zu helfen
  - zur Erhaltung der eigenen Gesundheit

- Werden Sie nie aus dem Ego heraus tätig.

- Pendeln Sie nie zu Demonstrationszwecken vor anderen Menschen, und pendeln Sie keine Voraussagen über die Zukunft.

- Seien Sie immer konzentriert auf das Problem oder die Fragestellung. Nur wenn Körper und Geist eins sind, kann das Pendel richtige Ergebnisse zeigen.

- Überprüfen Sie sich immer selbst, und halten Sie kein Ergebnis für unfehlbar.

- Innere Demut und Dankbarkeit sowie ein gesundes Stück Ehrfurcht vor den kosmischen Kräften, mit denen Sie beim Pendeln in Berührung kommen, sollten immer Bestandteil Ihrer Pendelarbeit sein.

# Der praktische Umgang mit dem Pendel

## Welches Pendel ist das richtige?

Es kommt nicht auf das Pendel an – sondern auf den Pendler! Machen Sie sich nie von einem Werkzeug abhängig, denn dies macht den Menschen unfrei (und kann das Pendelergebnis stören).

Beim Aussuchen eines Pendels handeln Sie nach Ihrer Intuition. Wählen Sie das Pendel, das Ihnen gefällt!

Sie können sich auch selbst ein Pendel bauen. Nehmen Sie Faden, Kette oder ein Haar, und hängen Sie ein Gewicht daran – ob es eine Schraube, ein Knopf, ein Korken oder irgendein anderer Gegenstand ist, bleibt Ihnen überlassen.

## Die ersten Schritte

- Halten Sie das Pendel locker am Faden. Das obere Ende liegt zwischen Daumen und Zeigefinger. Die Fadenlänge beträgt 15 bis 20 cm. Machen Sie am besten einen Knoten bei der Länge, an der sich das Pendel (die Pendelschwingung) am besten anfühlt.

- Die Hand und das Handgelenk sind entspannt. Der Ellenbogen ruht auf dem Tisch. Die restlichen Finger sind locker.

- Oberkörper und Rücken sind aufrecht, damit die Energie des Nervensystems frei fließen kann.

- Die andere Hand liegt offen und flach auf dem Tisch.

- Der Atem sollte ruhig fließen, und Sie sollten entspannt sein.

- Lassen Sie sich nicht von Umwelteinflüssen ablenken (z.B. Radio, Handy oder Geräusche aus der Umgebung). Sorgen Sie vorher dafür, dass Sie allein sind und in Ruhe gelassen werden.

- Pendeln Sie nicht, wenn Sie müde oder erschöpft sind.

- Pendeln Sie nicht, wenn Sie krank sind.

*Das Pendeln verlangt den Menschen in seiner Ganzheit.*

# Grundübungen

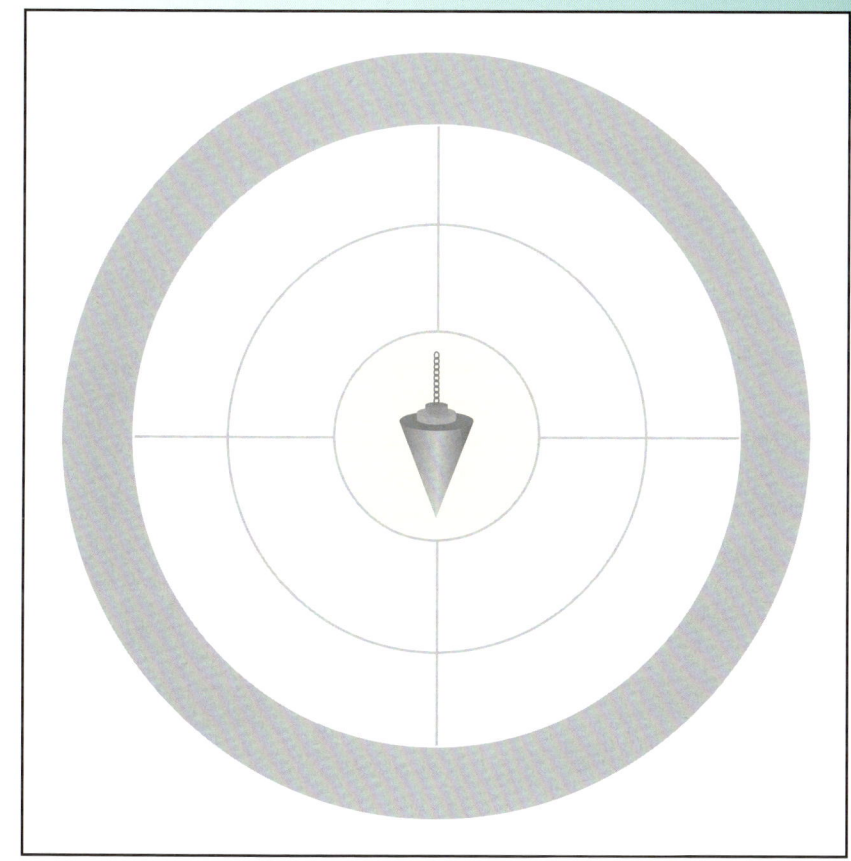

Jeder, der mit dem Pendeln beginnt, muss zuerst für sich selbst feststellen, welche Pendelbewegung für ihn welche Bedeutung hat. Fragen Sie Ihr Pendel zuerst: »Was bedeutet ein JA?« Fragen Sie danach: »Was bedeutet ein NEIN?«

Die unterschiedlichen Pendelbewegungen sehen Sie unten. Jede Pendelbewegung ist möglich – finden Sie Ihre heraus, und ermitteln Sie für sich, was ein klares JA und ein klares NEIN ist.

Sollten Sie am Anfang mit der Stärke der Pendelschwingung Probleme haben, bringen Sie das Pendel bewusst in Schwung, und fragen Sie erneut. Die Bewegung des Pendels wird dann klarer sein. (Nach längerer Übung verstärkt sich die Schwungkraft des Pendels.) Wenn Sie Ihr JA und Ihr NEIN einmal festgestellt haben, sollten Sie nicht mehr davon abweichen.

Sie können JA und NEIN auch vorher festlegen. Im Allgemeinen gilt:

Rechtsdrehung = + = positiv = JA
Linksdrehung = – = negativ = NEIN

Benutzen Sie die Pendelkarte links, und halten Sie Ihr Pendel genau über die Mitte des eingezeichneten Pendelsymbols.

   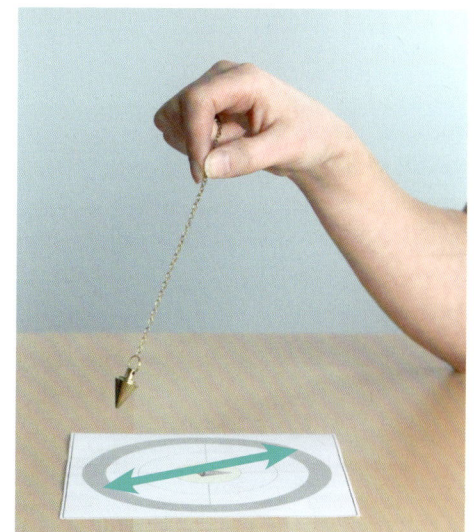

# Praktische Übungen zum Einarbeiten

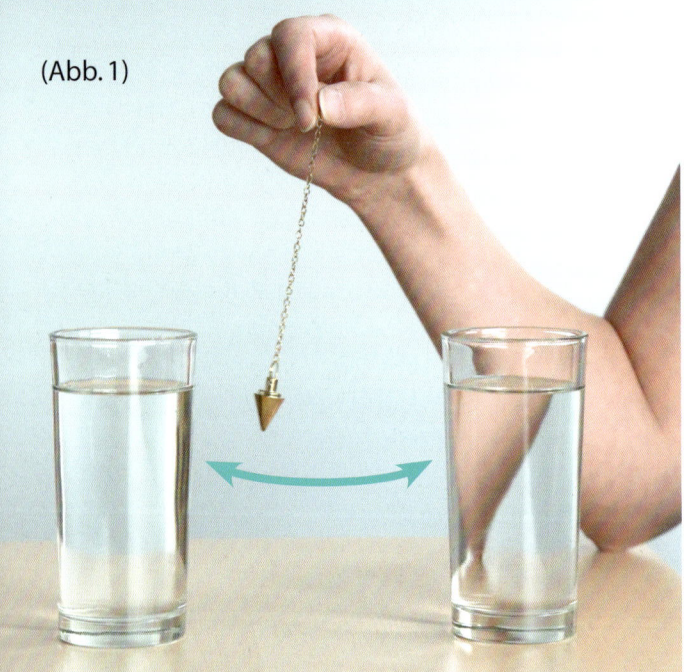

(Abb. 1)

(Abb. 2)

Um Ihre Pendelfähigkeit zu überprüfen, können Sie die folgenden Tests machen.

## Übung 1

Nehmen Sie zwei Gläser (möglichst gleichen Aussehens und gleicher Form), und füllen Sie diese mit Leitungswasser (die Menge des Wassers ist nicht entscheidend). Stellen Sie beide Gläser in einem Abstand von ca. 40 cm nebeneinander. Halten Sie das Pendel dazwischen (Abb. 1). Fragen Sie das Pendel, ob der Inhalt der beiden Gläser gleich ist.

Sie sollten einen Ausschlag des Pendels erhalten, d.h. das Pendel müsste zwischen den Gläsern, von Glas zu Glas, hin- und herschwingen. Das bedeutet, dass eine Entsprechung vorliegt (es sei denn, Sie haben eine andere Pendelbewegung hierfür definiert). Falls das Pendel sich nicht bewegt, sollten Sie sich zuvor erneut auf die gestellte Frage konzentrieren und dann geduldig warten, bis ein Pendelausschlag erfolgt, also beide Glasinhalte »vom Pendel« als identisch erkannt wurden.

Haben Sie diese erste Aufgabe erfolgreich erledigt, gehen Sie zum zweiten Test über.

## Übung 2

Halten Sie das Pendel zwischen sich und eines der beiden Gläser. Fragen Sie, ob Sie das Leitungswasser, so, wie es aus der Leitung kam, trinken sollen.

Eigentlich sollte der Pendelausschlag zwischen Ihnen und dem Glas in einer Hin-und-her-Schwingung erfolgen, sich also eine Bejahung ergeben. Bei der heutigen Qualität des Leitungswassers erhält man jedoch meist eine Querbewegung, was Ablehnung bedeutet (»Trennstrich«).

Auch diesen Pendelausschlag sollten Sie mit Leichtigkeit erhalten. Das ist ein Zeichen dafür, dass Ihre Pendelkraft funktioniert.

Nun folgt ein letzter Test, damit Sie Sicherheit beim Arbeiten mit den Diagrammen bekommen.

### Übung 3

Gießen Sie eines der beiden Wassergläser aus. Trocknen Sie das Glas gut aus. Füllen Sie in das leere Glas Mineralwasser aus einer Flasche. Stellen Sie die Gläser nun wieder in einem Abstand von ca. 40 cm auf. Fragen Sie erneut, ob der Inhalt der beiden Gläser gleich ist. Sie werden überrascht sein: Obwohl es sich in beiden Fällen um Wasser handelt, werden Sie bestenfalls einen Diagonalausschlag des Pendels erhalten, wenn nicht sogar einen »Trennstrich« (Abb. 2). Im ersten Fall bedeutet dies, dass das Wasser irgendwie ähnlich ist; im zweiten Fall, dass der Inhalt beider Gläser nicht vergleichbar ist, aus welchen Gründen auch immer.

Sie können diese Übung auch mit anderen Materialien wiederholen: Nehmen Sie beispielsweise zwei Äpfel (Abb. 3) verschiedener Herkunft, zwei Sorten Bier usw.; Ihrem Einfallsreichtum sind keine Grenzen gesetzt. Denken Sie beim Durchführen der Tests immer daran, dass Sie jeweils einen Vergleich durchführen (auch Resonanzabfrage genannt).

### Übung 4

Dieser Test lässt sich auch, wie es auf den Seiten dieses Buches der Fall ist, mit Begriffen durchführen. Zum Beispiel können Sie auf einen Zettel den Begriff »Mimulus« schreiben (eine der Bachblüten) und über dem geschriebenen Wort abfragen, ob Sie diese Substanz / Essenz für Ihr seelisches Wohlbefinden brauchen. Bei einem tatsächlichen Bedarf wird das Pendel rechtsherum schwingen (Abb. 4).

Selbstverständlich können Sie diesen Test mit jeder Bachblüten machen sowie beliebigen anderen Begriffen: Schreiben Sie einen oder zwei Begriffe möglicherweise für Sie in Betracht kommender Therapien heraus, etwa »Autogenes Training« und »Hapkido«. Fragen Sie über den Begriffen mit dem Pendel die Eignung der Therapie ab.

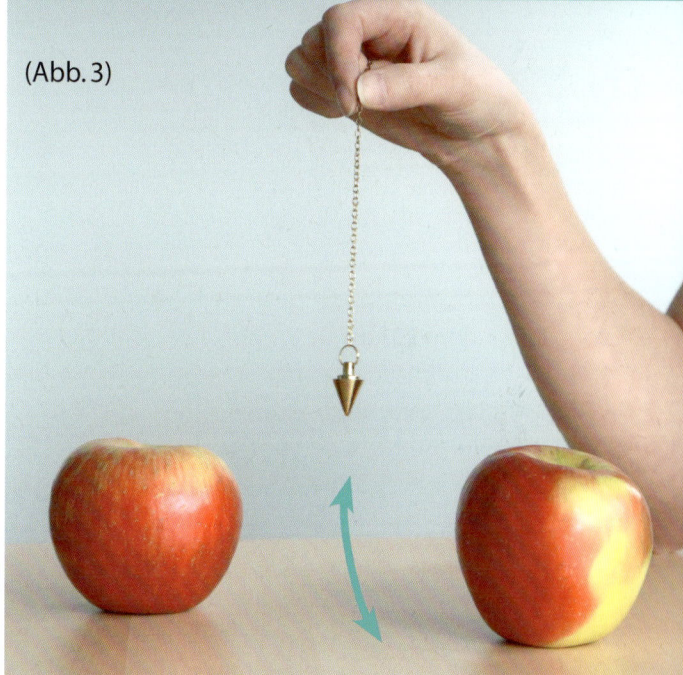

(Abb. 3)

(Abb. 4)

Bachblüte MIMULUS

# Das Austesten von Gegenständen

Sie können mit einem Pendel alles erfragen, was Sie möchten. Sofern die Fragestellung mit einem JA oder einem NEIN zu beantworten ist, gibt es Ihnen eine entsprechende Antwort.

Natürlich gibt es noch einige andere Möglichkeiten, wie Sie mit dem Pendel umgehen. Die sicherste Methode ist das Pendeln am Objekt selbst. Ob Sie Ihre Lebensmittel, Ihre Arzneimittel, Ihre Bachblüten oder Ihre Edelsteine austesten wollen – werden Sie kreativ!

Legen Sie hierzu den Gegenstand auf einen Tisch, und halten Sie in einem Abstand von ca. 25 cm Ihre Hand neben den Gegenstand. Nehmen Sie nun Ihr Pendel, und halten Sie es zwischen Hand und Objekt.

Machen Sie sich ganz fei von irgendwelchen Gedanken, und versuchen Sie, nur die Energie des Objektes zu erspüren, das neben Ihnen liegt. Das Pendel wird nun entweder zwischen dem Gegenstand und Ihrer Hand hin- und herschwingen oder sich rechtsherum drehen, was sozusagen eine Zusage oder eine positive Affinität bedeutet (Abb. 1). Andernfalls wird es von vorn nach hinten schwingen oder sich linksherum drehen, womit es eine klare Trennung bzw. eine negative Energie anzeigt (Abb. 2).

Sie können Ihre Hand auch über einen Gegenstand und das Pendel direkt über die Handmitte halten.

Schwingt das Pendel in Richtung des Handverlaufs (fließende Energie des Körpers), so zeigt es eine positive Energie an (Abb. 3); schwingt es quer zur Hand, so ist die Energie zwischen dem Objekt und Ihnen negativ (Abb. 4). Mit dieser Technik können Sie auch die Energie Ihres Hauses, Ihres Arbeitsplatzes oder Ihres Bettes testen.

Setzen Sie sich beispielsweise auf die Kante Ihres Bettes, und halten Sie Ihr Pendel über die geöffnete Hand. Schwingt es im Handverlauf, ist der Bettplatz in Ordnung. – Und wenn nicht? Dann nicht! Überprüfen Sie nun Ihren Schlafplatz in derselben Weise, wobei Sie nach jedem Pendelvorgang ca. 30 cm weiterrücken, bis das ganze Bett erfasst ist.

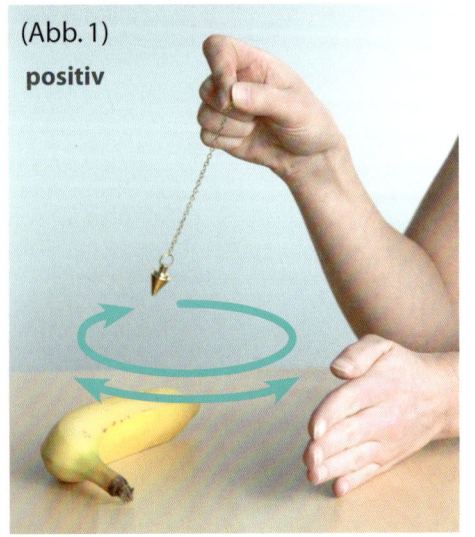

(Abb. 1) **positiv**

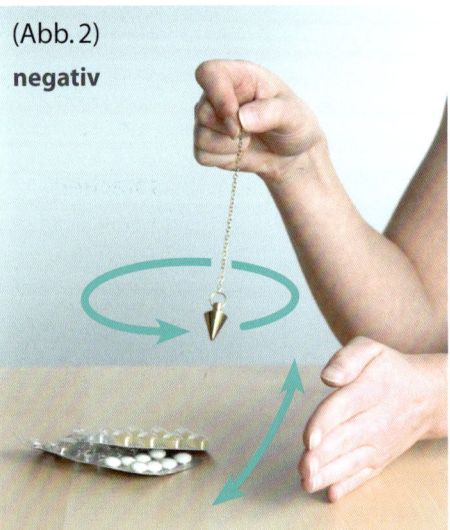

(Abb. 2) **negativ**

(Abb. 3) **positiv**

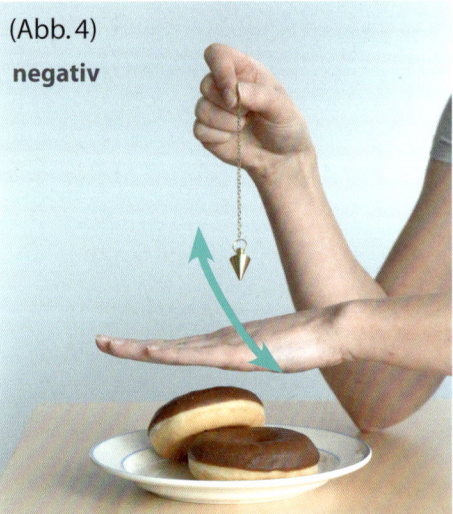

(Abb. 4) **negativ**

# Das Arbeiten mit Pendeldiagrammen

Um das Arbeiten mit dem Pendel zu erleichtern, liegt der Schwerpunkt dieses Buches auf der Arbeit mit Pendeldiagrammen. Verschiedene Diagramme setzen jedoch einiges an Fachwissen voraus.

Nehmen wir als Beispiel das I-Ging-Pendeldiagramm – ohne Grundwissen über die Struktur und das innere Wesen dieses Weisheitsorakels nützt Ihnen das Diagramm wenig. Oder das Aura-Soma-Pendeldiagramm: Die Anwendung der Essenzen setzt meist eine Schulung bzw. Beratung voraus.

In diesem Buch ist das tiefe Wissen der einzelnen Techniken und Praktiken nicht beschrieben. Es ist deshalb empfehlenswert, sich im Einzelfall mit den jeweiligen Themen ausführlicher zu befassen.

Die einzelnen Pendeldiagramme sprechen im Allgemeinen für sich. Es sind jeweils relativ wenige Erklärungen notwendig, um den Sinn der Diagramme zu verstehen.

Nutzen Sie Ihre eigene Kreativität, um den größtmöglichen Gewinn aus den Diagrammen zu ziehen.

Achten Sie immer darauf, dass nur durch die richtige Fragestellung auch eine richtige Antwort erfolgen kann.

Benutzen Sie, wenn Sie kein Therapeut sind, die therapeutischen Pendeldiagramme nur für den Eigengebrauch und nur als vorbeugende oder unterstützende Maßnahme, um einen eventuellen Krankheitsverlauf positiv zu beeinflussen.

Und nun genug der Einleitung!

# Pendelfähigkeit

Testen Sie vor Arbeitsbeginn Ihre momentane Pendelfähigkeit. Die Aussage, die Sie erhalten, bezieht sich auf die jetzige Situation und kann sich zu einem späteren Zeitpunkt oder an einem anderen Ort wesentlich verändern!

Liegt die Pendelfähigkeit beispielsweise bei 75 %, so bedeutet das, dass 25 % Ihrer Fragen falsch beantwortet werden. Sollte Ihre Pendelfähigkeit unter 60 % liegen, lohnt sich das Pendeln momentan nicht für Sie. Fragen Sie an nebenstehendem Diagramm nach den Gründen, oder versuchen Sie es zu einem späteren Zeitpunkt wieder.

## PENDELFEHLERERGEBNISSE

Ist Ihre Pendelkraft zu schwach oder erhalten Sie bei einer Kontrollfrage ein »falsch«, so können Sie mit der nebenstehenden Karte die Gründe dafür ermitteln.

## KONTROLLTAFEL

Benutzen Sie die Kontrolltafel stets zur Überprüfung Ihrer Pendelergebnisse. Denken Sie daran: Keine Antwort ist unfehlbar!

## PENNDELUHR

Die Pendeluhr dient zur Ermittlung der richtigen Pendelzeit. Die Uhr ist in 10-Minuten-Segmente aufgeteilt.

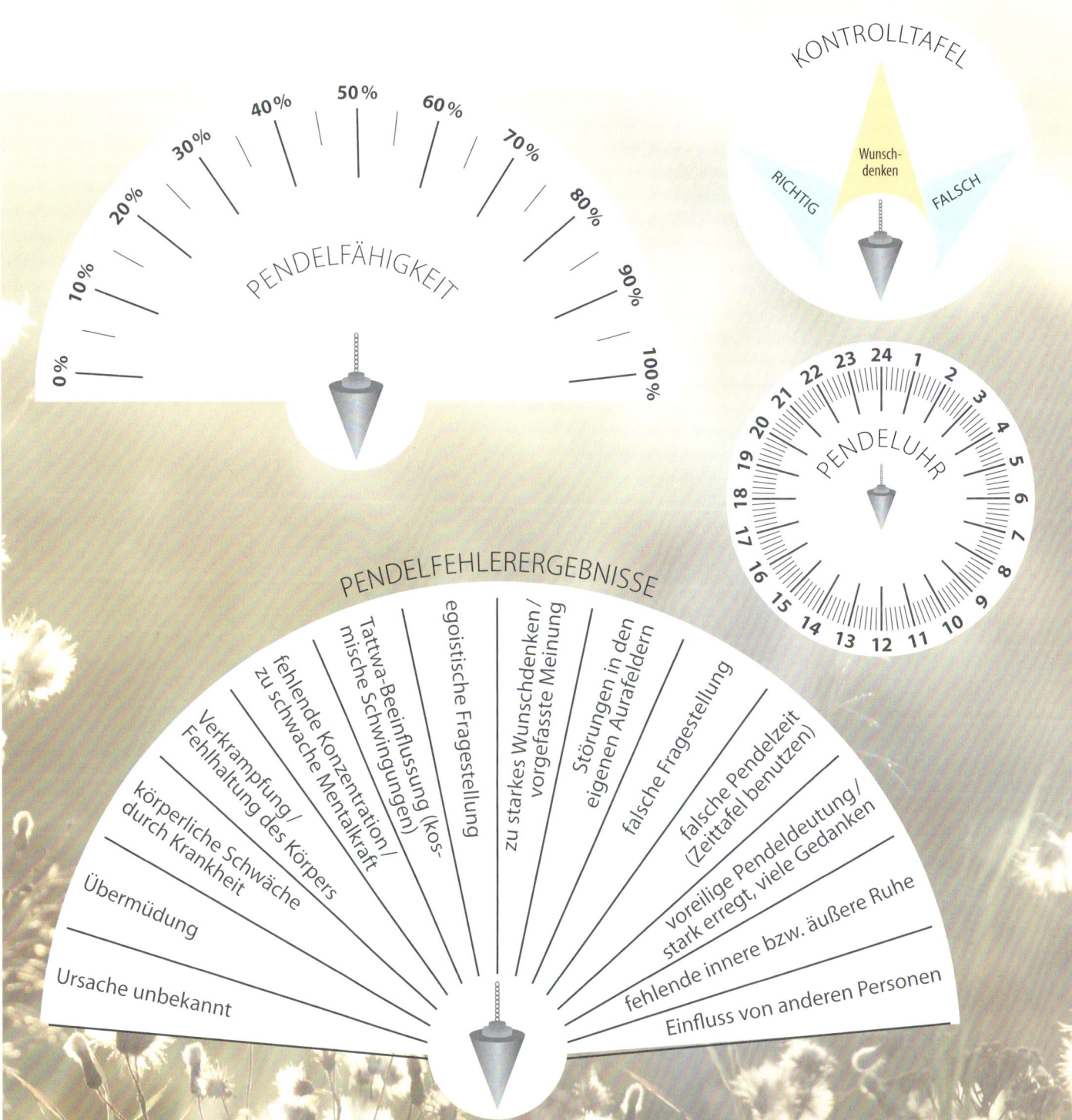

# Die richtige Pendelkarte

KONTROLLTAFEL
RICHTIG — Wunschdenken — FALSCH

Mit welcher Pendelkarte kann ich eine optimale Lösung für mein Problem X finden?

Mit welcher Pendelkarte soll ich heute arbeiten?

Auf welcher Pendelkarte finde ich Informationen, die ich momentan dringend benötige?

- Zahlen, Buchstaben, Prozent S. 16
- Identifizierung von Störzonen S. 17
- Wasser S. 18–19
- Biometer nach A. Bovis S. 20
- Wettervorhersage S. 21
- Chakras S. 22
- Meridiane S. 23
- Bachblüten S. 24
- Kalifornische Blütenessenzen S. 25–26
- LichtWesen-Meisteressenzen S. 27
- Aura-Soma-Essenzen S. 28–30
- Aura-Soma-Pomander / -Meisteressenzen S. 31
- Ätherische Öle S. 32–35
- Bäume S. 36
- Räuchern S. 37
- Diagnose S. 38–41
- Die richtige Therapie S. 42–43
- Homöopathie S. 44–50
- Biochemie S. 51
- Vitamine S. 52
- Mineralstoffe und Spurenelemente S. 53
- Ernährungstherapie mit Sprossen und Keimen S. 54–55
- Tee S. 56–58
- Chinesische Heilkräuter und Pflanzen S. 59
- Europäische Heilkräuter und Pflanzen S. 60–61
- Indianische Heilkräuter und Pflanzen S. 62
- Farben S. 63
- Edelsteine und Mineralien S. 64–69
- Meditationstechniken S. 70
- Reinkarnation S. 71–76
- Die höheren Karma-Gesetze S. 77
- Typologie des Enneagramms S. 78
- Lebensfragen S. 79–80
- Runen S. 81–82
- Schamanische Totemtiere S. 83
- I-Ging-Orakel S. 84
- Astrologie S. 85–87
- Tarot S. 88–89

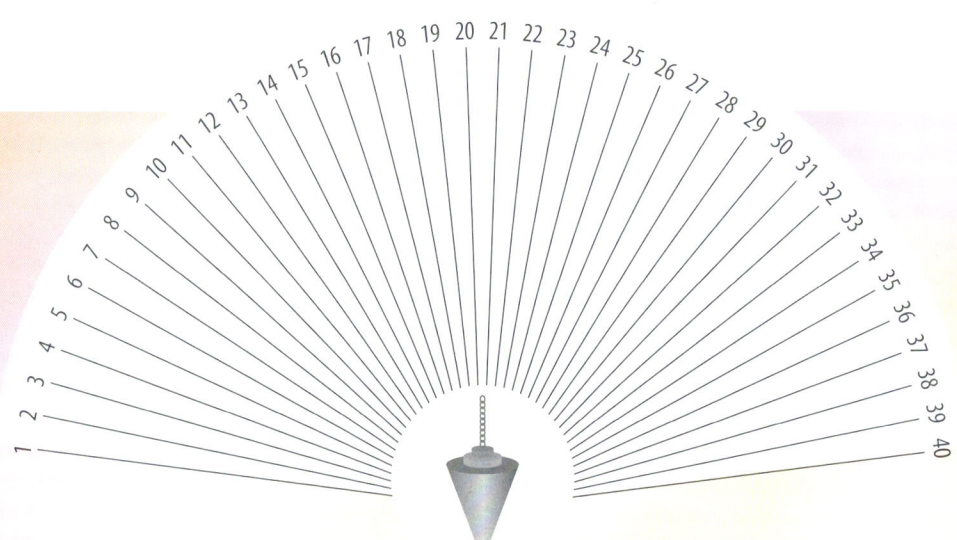

## Zahlen-Tafel
Zur genauen Mengenermittlung

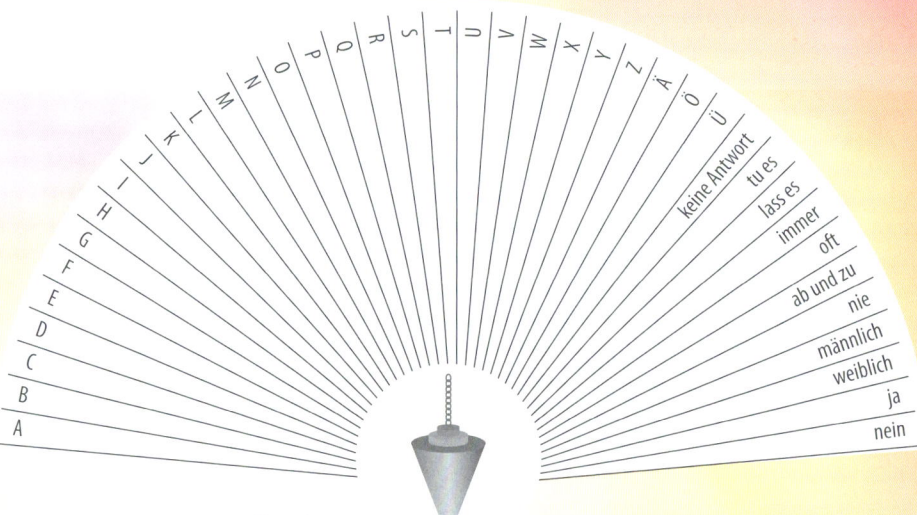

## Ouija-Tafel
Für Fragen, die direkt mit Wörtern oder Sätzen zu beantworten sind. Beim Erfragen von Wörtern ermitteln Sie zuerst die Anzahl der Buchstaben (Zahlentafel) – danach erfragen Sie Buchstabe für Buchstabe.

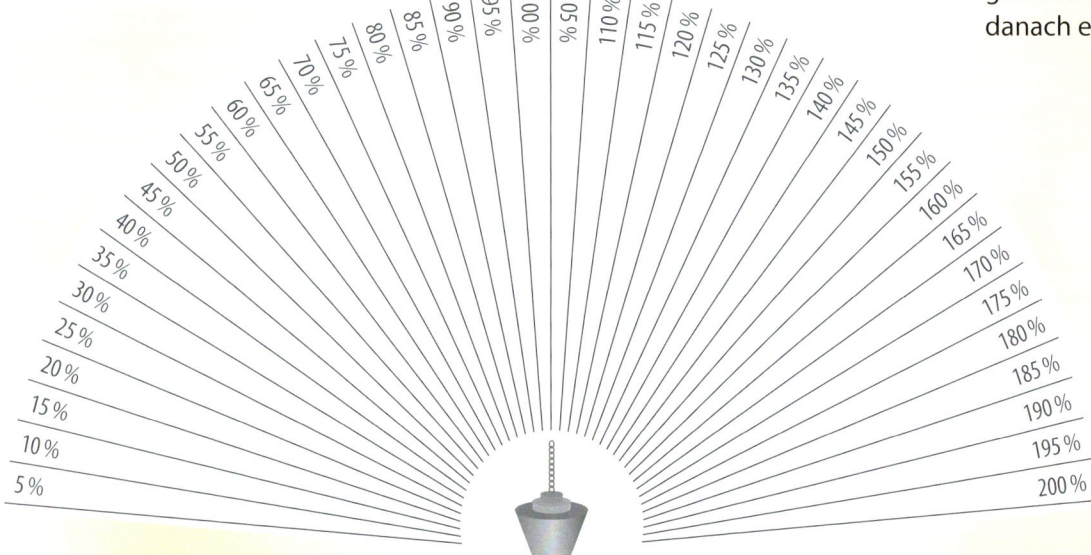

## Prozent-Tafel
Zur Ermittlung von Prozentwerten – z. B. »Zu wie viel Prozent benötige ich das Mittel X oder Y?« oder »Wie stark ist meine momentane Vitalität?«

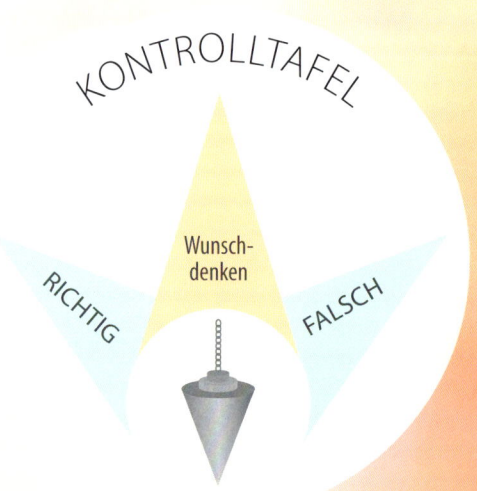

# Identifizierung von Störzonen

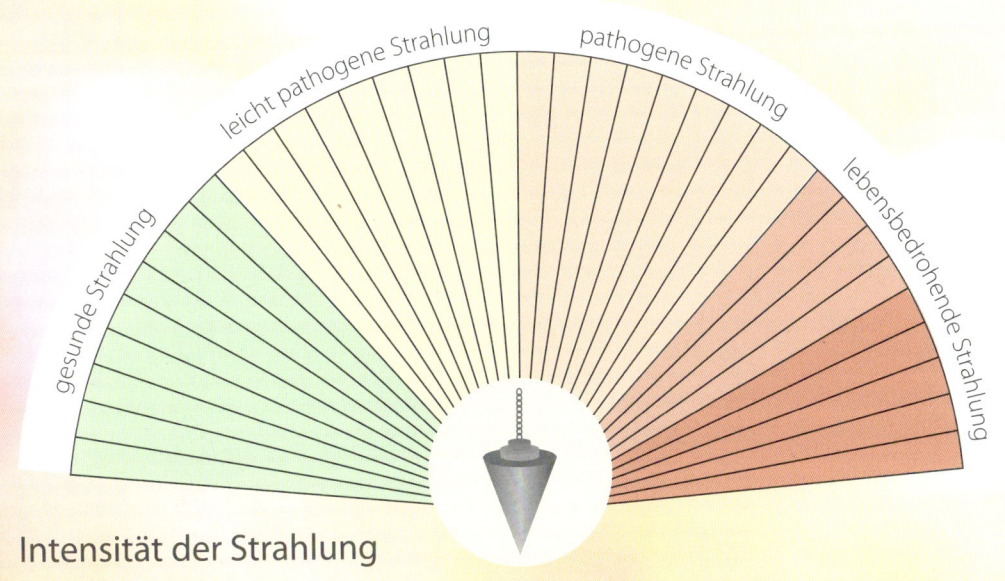

Intensität der Strahlung

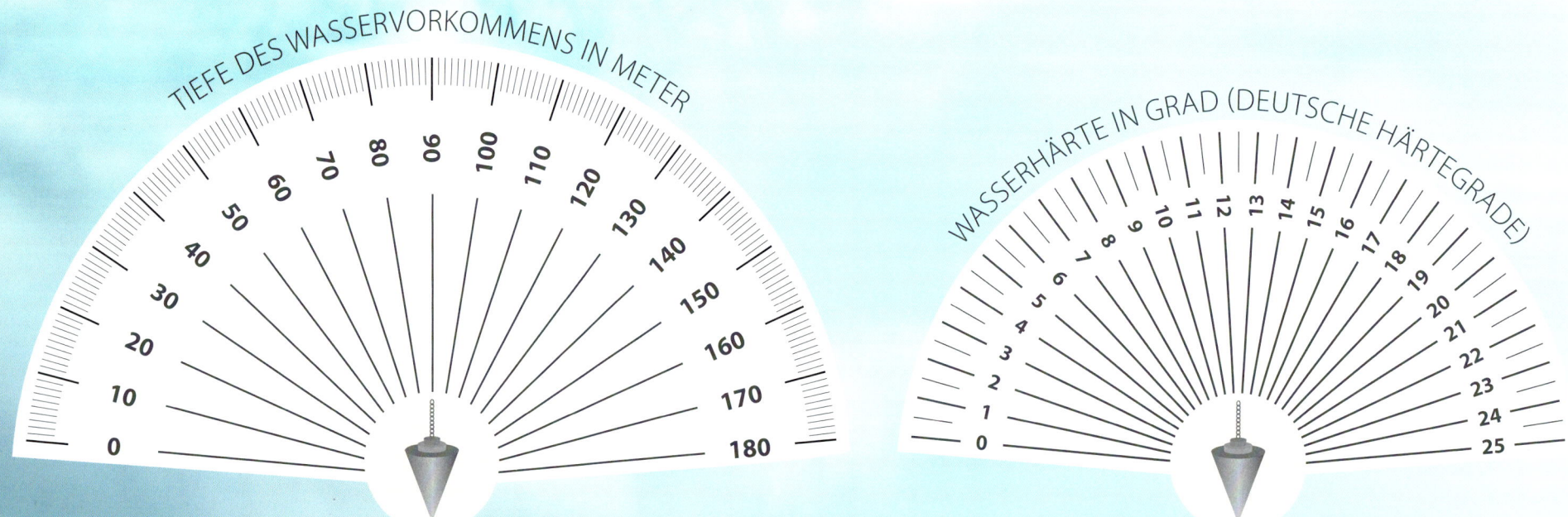

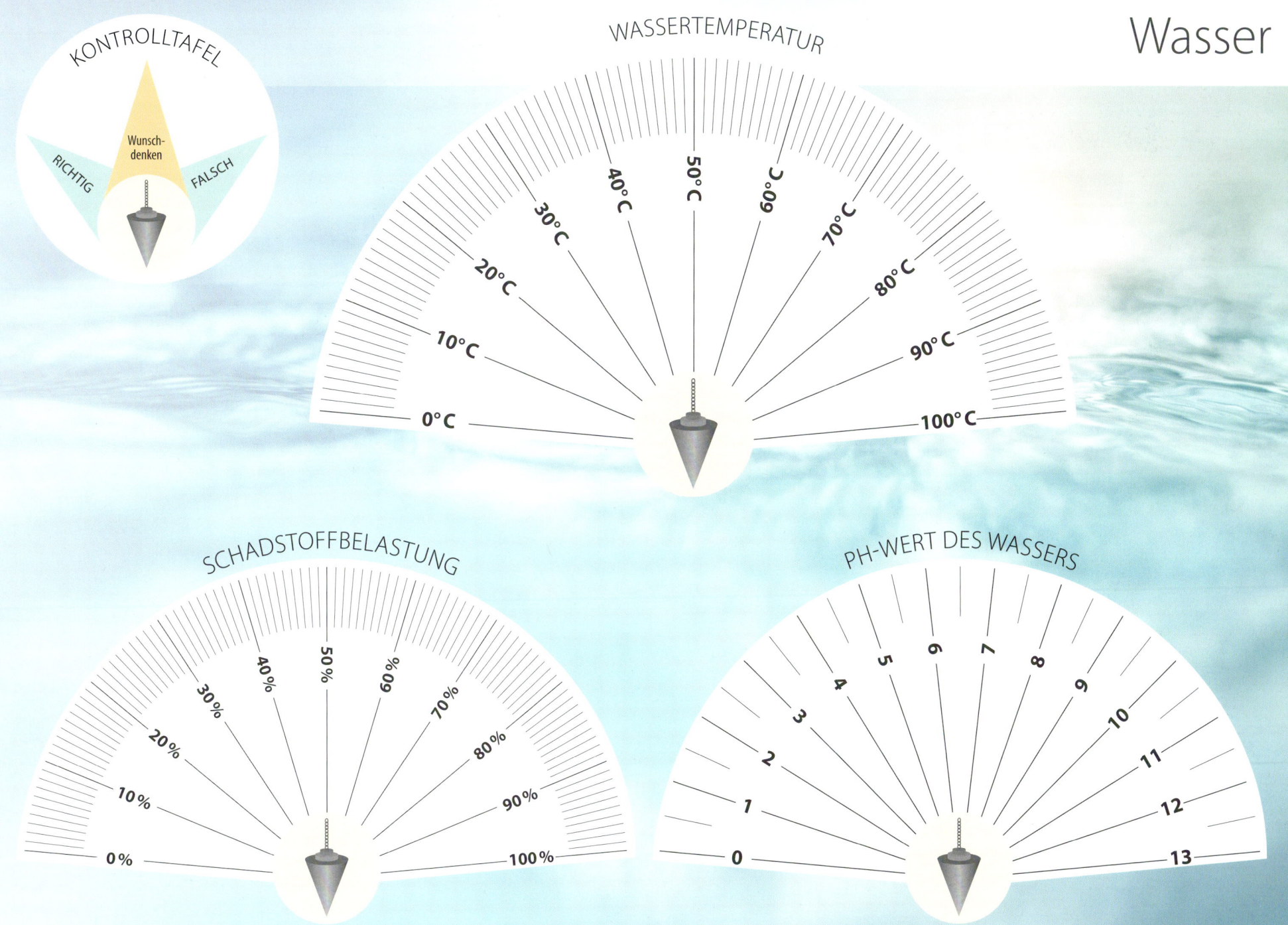

# BIOMETER nach A. Bovis

Messskala für:
a) Intensität von Erdstrahlen / Orten
b) Energetische Vitalstrahlung von Menschen
c) Strahlungsintensität von Nahrungsmitteln

## Innerer Pendelkreis (physisch):
Strahlungsintensität von Orten sowie Vibrationen, die direkten Einfluss auf den Menschen haben

| | |
|---|---|
| 0–2000 BE | Kreuzung von 2 oder mehreren Störzonen; Störung im Abwehrmechanismus; Wachstumsstörungen (Krebs) |
| 2000–6000 BE | Störzone; schädlich für den menschlichen Organismus |
| 6500 BE | neutral |
| 7000–8000 BE | bester Wert / volle Vitalität |
| 9000–10.000 BE | auf die Dauer zu hoch |

## Mittlerer Pendelkreis (ätherisch-spirituell):

| | |
|---|---|
| 10.000–13.500 BE | energetischer oder ätherischer Bereich des Körpers |
| 13.500–18.000 BE | spiritueller und esoterischer Bereich; heilige und sakrale Orte bis hin zu heiligen Initiationsstätten (z. B. Pyramiden, Stonehenge) |

## Äußerer Pendelkreis:
ab 18.000 BE
kosmische Strahlenbereiche

BE = Bovis-Einheiten

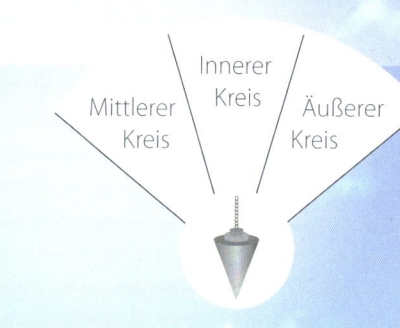

Welcher Kreis soll benutzt werden?

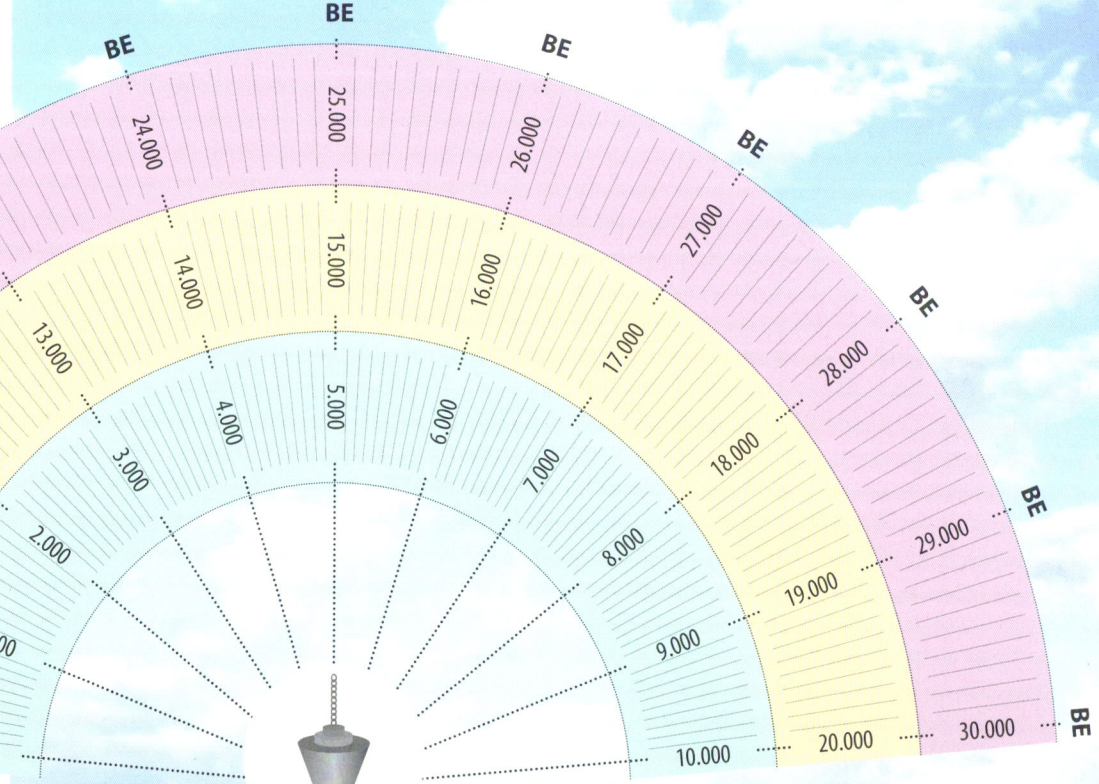

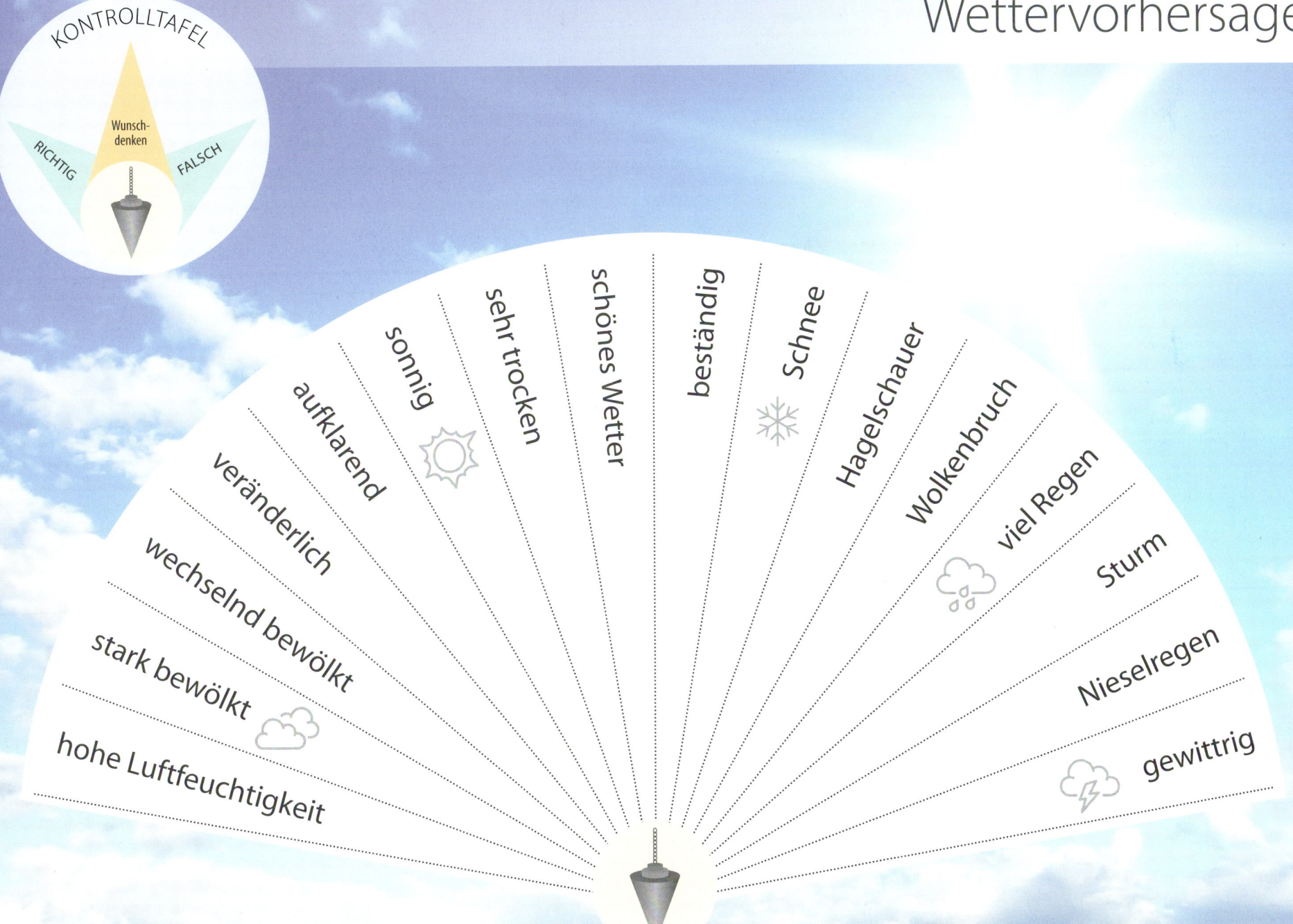

# Chakras

**1. Wurzelchakra**
Wirbelsäule, Knochen, Beine, Rektum, Darm, Blut, Nebennieren
**ROT**

**2. Sakralchakra**
Fortpflanzungsorgane, Keimdrüsen (Eierstöcke/Hoden), Prostata, Nieren, Verdauungsorgane
**ORANGE**

**3. Solarplexuschakra**
Leber, Magen, Galle, vegetatives Nervensystem, Bauchspeicheldrüse
**GELB, GOLDGELB**

**4. Herzchakra**
Herz, untere Lunge, Kreislauf, Haut, Hände, Thymusdrüse
**GRÜN, ROSA, GOLD**

**5. Halschakra**
Stimme, Kehle, Bronchien, obere Lunge, Schilddrüse, Nebenschilddrüse
**HELLBLAU**

**6. Stirnchakra/Drittes Auge**
Nase, Ohren, Augen, Gesicht, Kleinhirn, Hirnanhangdrüse
**INDIGOBLAU, VIOLETT**

**7. Kronenchakra**
Schädel, Großhirn, Zirbeldrüse
**VIOLETT, WEISS, GOLD**

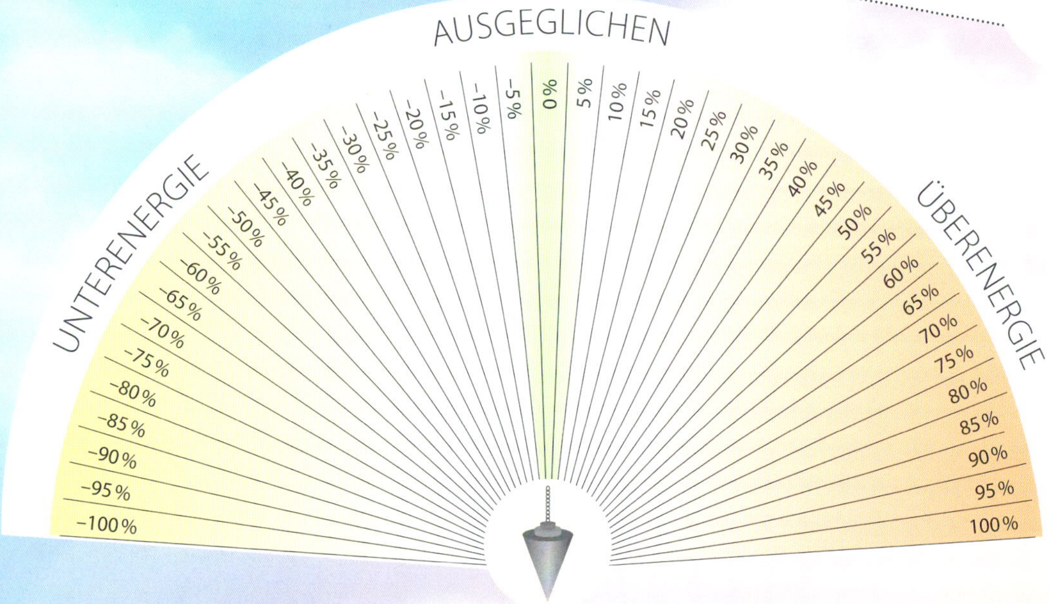

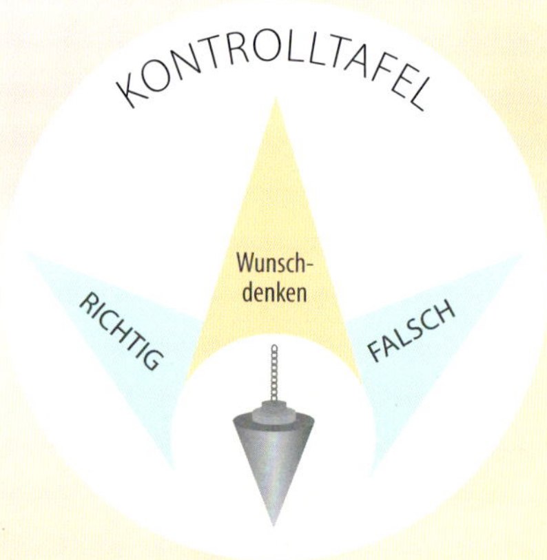

AUSGEGLICHEN
UNTERENERGIE
ÜBERENERGIE
-100 % -95 % -90 % -85 % -80 % -75 % -70 % -65 % -60 % -55 % -50 % -45 % -40 % -35 % -30 % -25 % -20 % -15 % -10 % -5 % 0 % 5 % 10 % 15 % 20 % 25 % 30 % 35 % 40 % 45 % 50 % 55 % 60 % 65 % 70 % 75 % 80 % 85 % 90 % 95 % 100 %

KONTROLLTAFEL
Wunschdenken
RICHTIG
FALSCH

# Meridiane

# Bachblüten

Die seitlichen Kontrolltafeln können Sie sowohl für die Einnahme von Bachblüten als auch für die von Kalifornischen Blütenessenzen einsetzen.

Wie viele Blütenmittel sollen benutzt werden?

1
2
3
4
5
6
7
8
9
10
mehr als 10


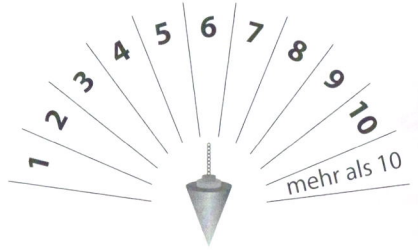

Wie oft am Tag soll die Mischung eingenommen werden?

1x
2x
3x
4x
5x
6x
7x
8x
9x
10x


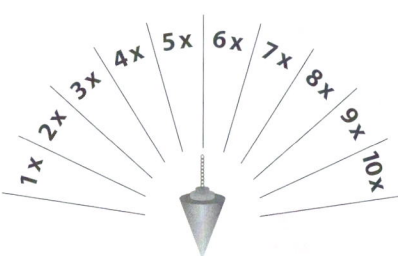

Wie lang soll die Mischung eingenommen werden?

1
2
3
4
5
6
7
8
9
10
MONATE
WOCHEN
TAGE


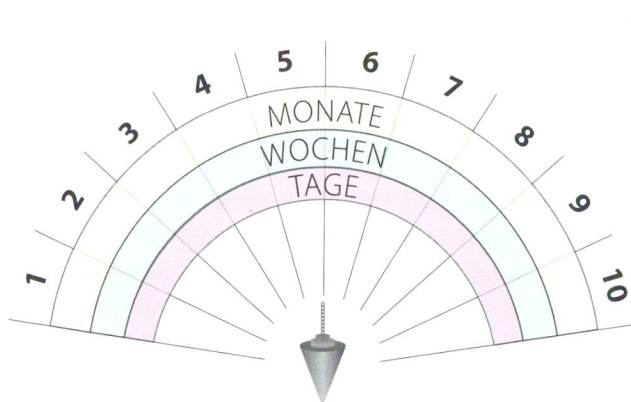

1 Agrimony
2 Aspen
3 Beech
4 Centaury
5 Cerato
6 Cherry Plum
7 Chestnut Bud
8 Chicory
9 Clematis
10 Crab Apple
11 Elm
12 Gentian
13 Gorse
14 Heather
15 Holly
16 Honeysuckle
17 Hornbeam
18 Impatiens
19 Larch
20 Mimulus
21 Mustard
22 Oak
23 Olive
24 Pine
25 Red Chestnut
26 Rock Rose
27 Rock Water
28 Scleranthus
29 Star of Bethlehem
30 Sweet Chestnut
31 Vervain
32 Vine
33 Walnut
34 Water Violet
35 White Chestnut
36 Wild Oat
37 Wild Rose
38 Willow
39 Rescue Remedy
40 Rescue mit Braunelle / Arnika

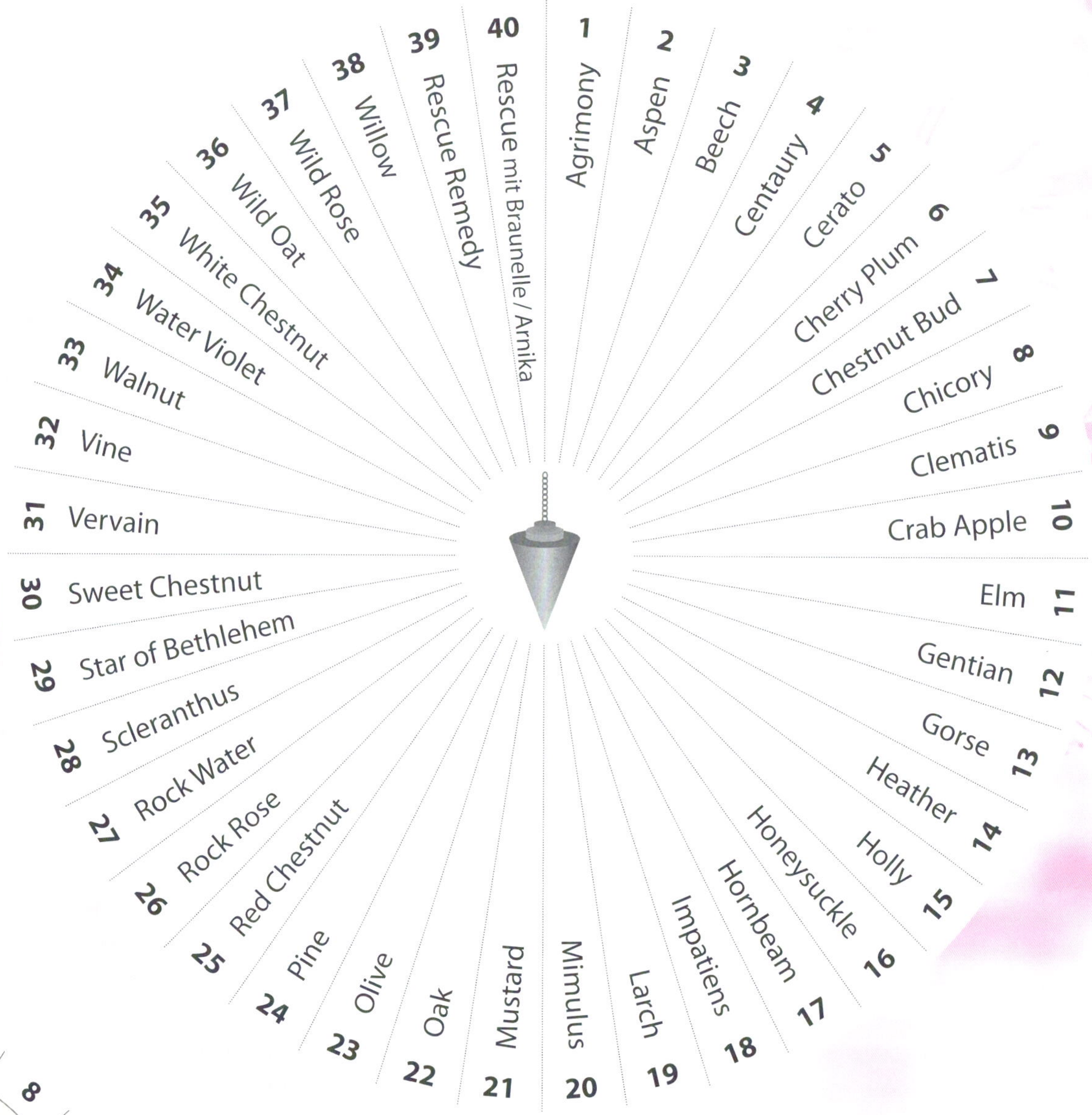

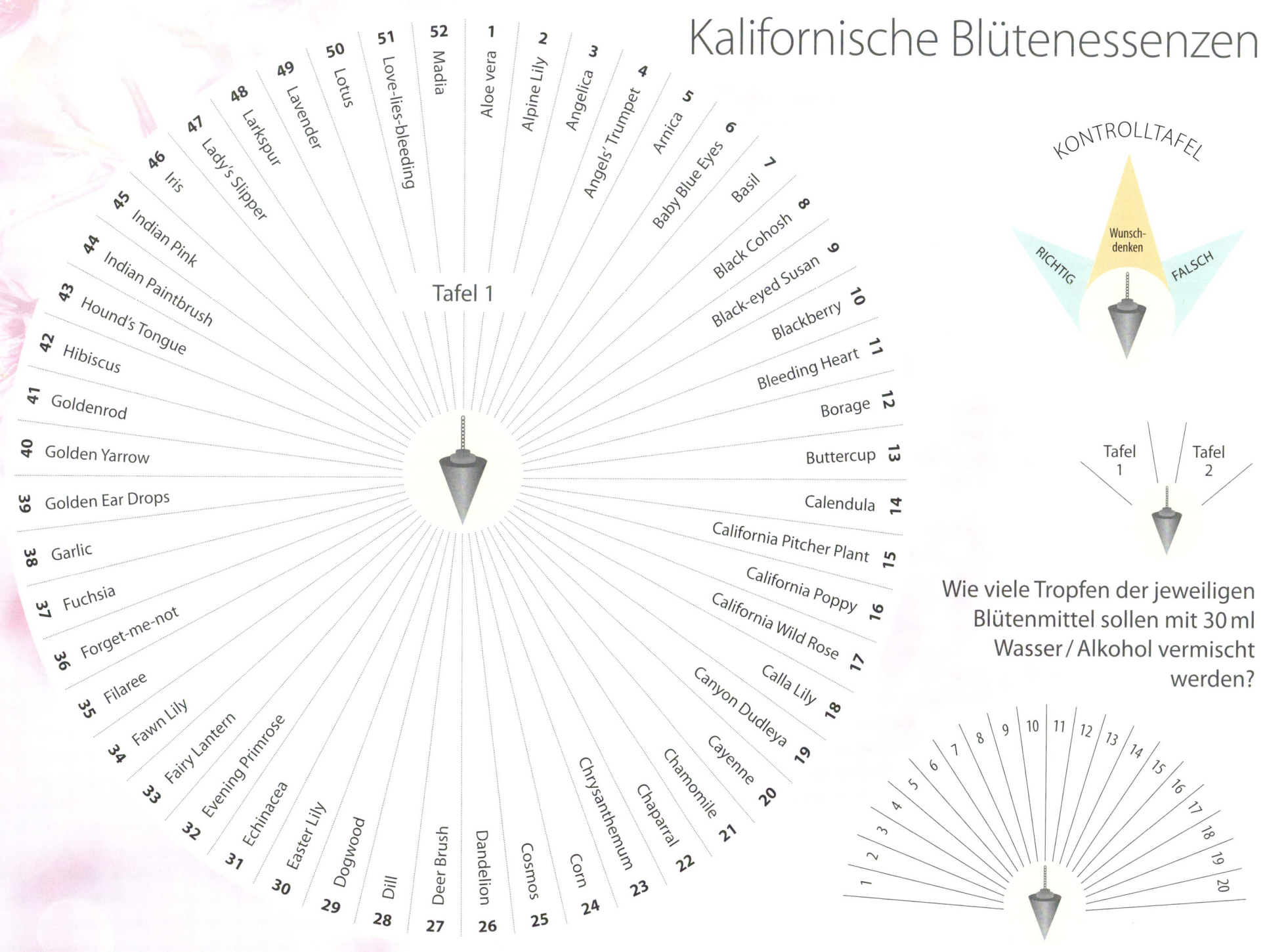

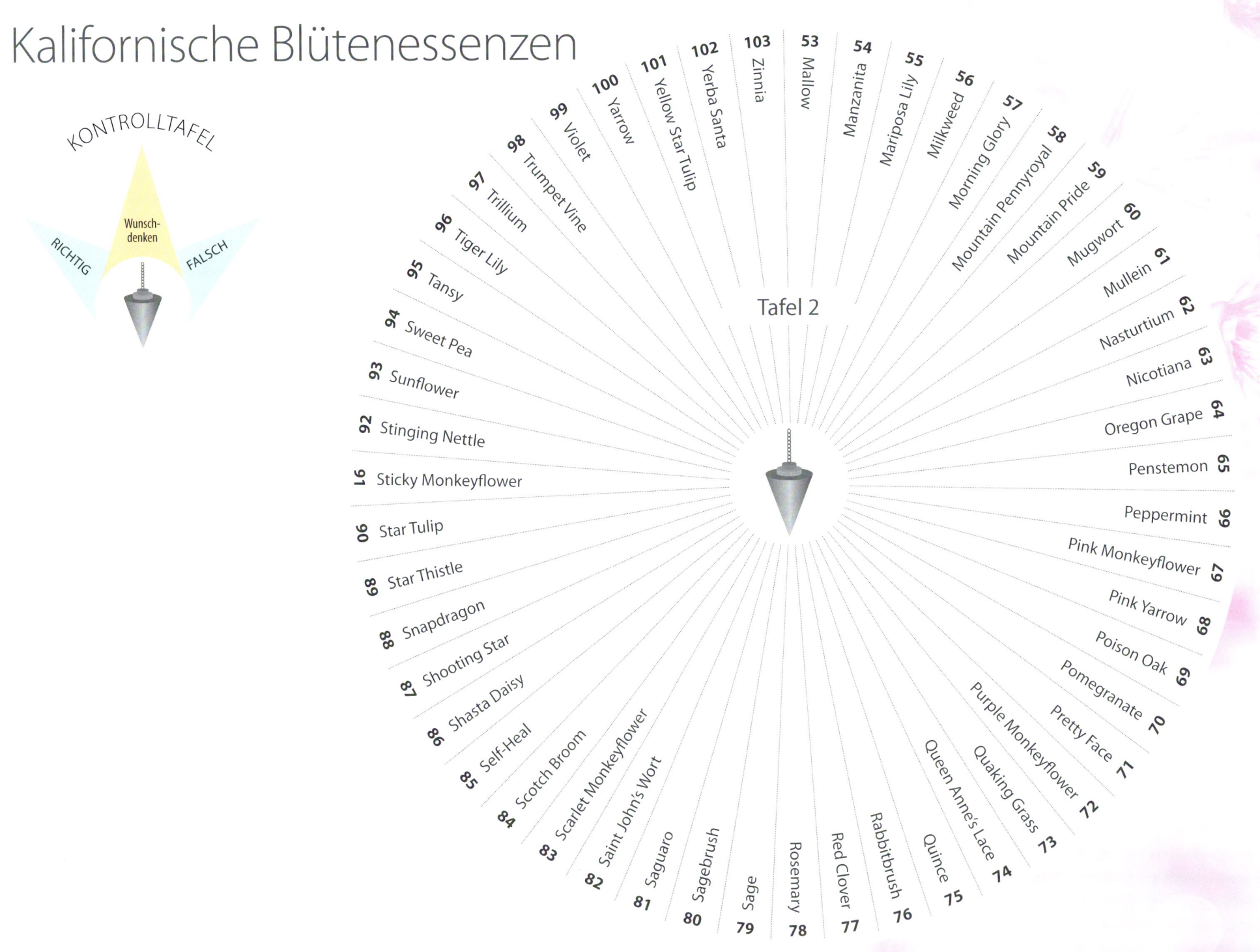

# LichtWesen-Meisteressenzen

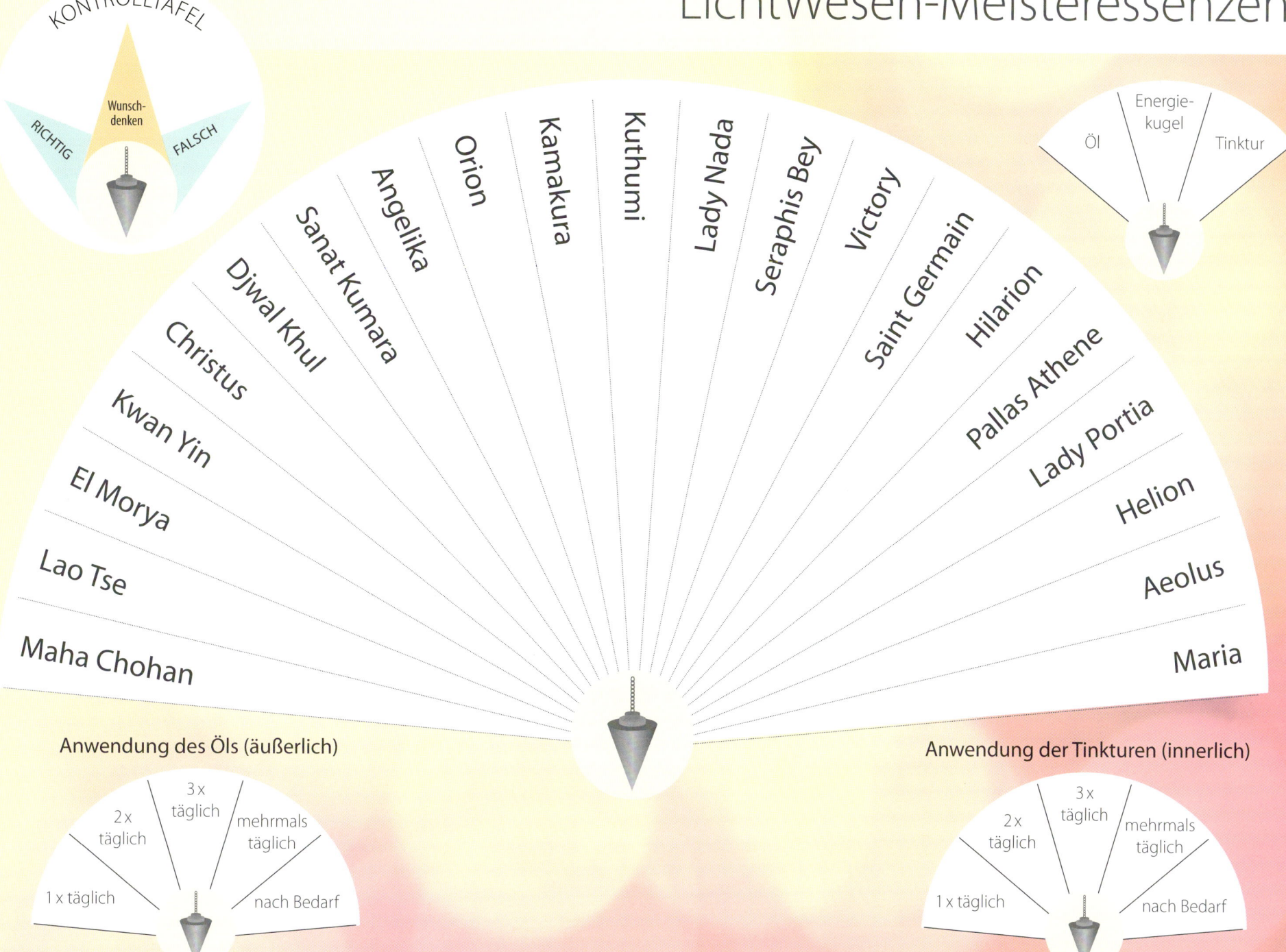

# Aura-Soma-Essenzen

Auf welcher Tafel finde ich die richtige Essenz?

KONTROLLTAFEL

TAFEL 1

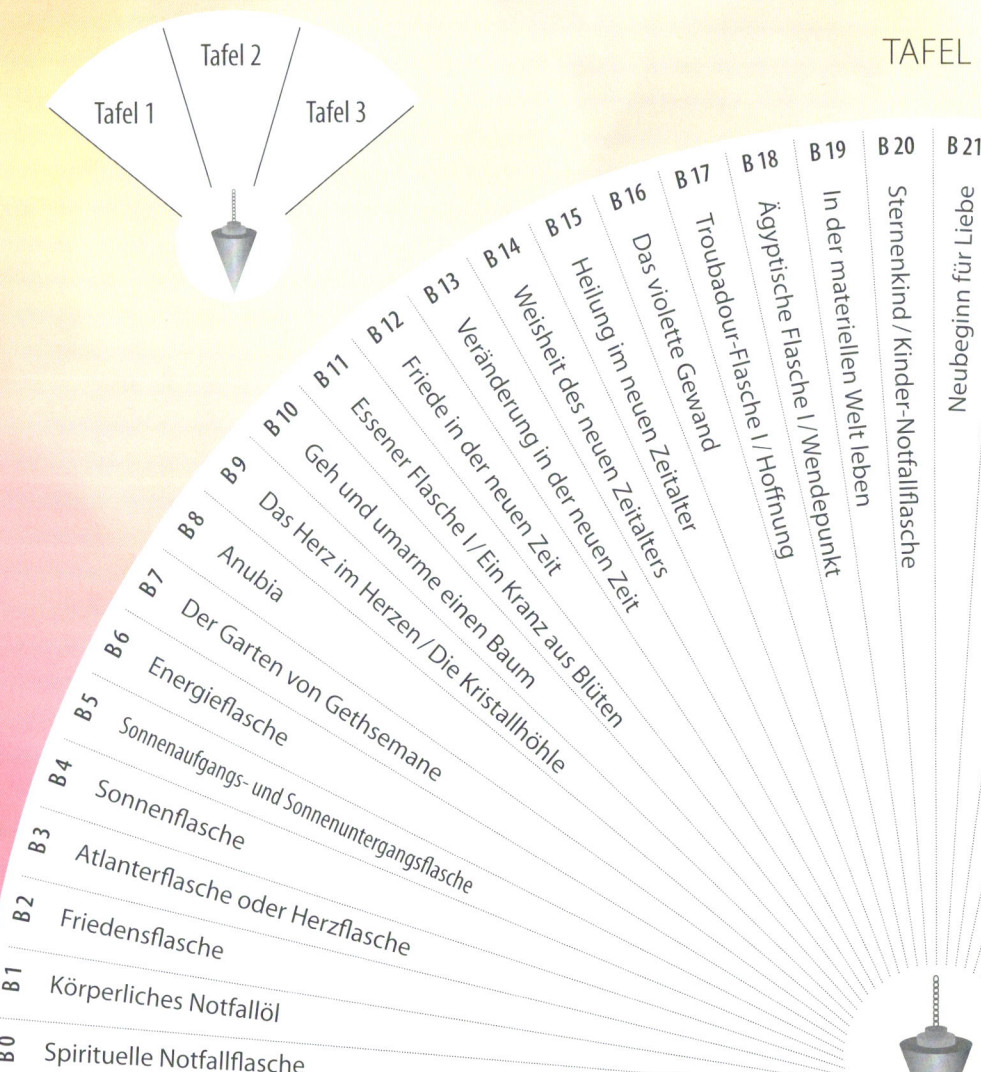

- B 0 Spirituelle Notfallflasche
- B 1 Körperliches Notfallöl
- B 2 Friedensflasche
- B 3 Atlanterflasche oder Herzflasche
- B 4 Sonnenflasche
- B 5 Sonnenaufgangs- und Sonnenuntergangsflasche
- B 6 Energieflasche
- B 7 Der Garten von Gethsemane
- B 8 Anubia
- B 9 Das Herz im Herzen / Die Kristallhöhle
- B 10 Geh und umarme einen Baum
- B 11 Essener Flasche I / Ein Kranz aus Blüten
- B 12 Friede in der neuen Zeit
- B 13 Veränderung in der neuen Zeit
- B 14 Weisheit des neuen Zeitalters
- B 15 Heilung im neuen Zeitalter
- B 16 Das violette Gewand
- B 17 Troubadour-Flasche I / Hoffnung
- B 18 Ägyptische Flasche I / Wendepunkt
- B 19 In der materiellen Welt leben
- B 20 Sternenkind / Kinder-Notfallflasche
- B 21 Neubeginn für Liebe
- B 22 Flasche der Rebirther
- B 23 Liebe und Licht
- B 24 Neue Botschaft
- B 25 Rekonvaleszenz-Flasche / Florence Nightingale
- B 26 Schock-Flasche / Ätherische »Erste Hilfe«
- B 27 Robin-Hood-Flasche
- B 28 Maid-Marion-Flasche
- B 29 Steh auf und wandle
- B 30 Den Himmel auf die Erde bringen
- B 31 Die Fontäne
- B 32 Sophia
- B 33 Delphin
- B 34 Die Geburt der Venus
- B 35 Freundlichkeit
- B 36 Nächstenliebe
- B 37 Der Schutzengel kommt auf die Erde
- B 38 Troubadour-Flasche II / Scharfsinn
- B 39 Ägyptische Flasche II / Der Puppenspieler
- B 40 Ich bin
- B 41 Weisheitsflasche

# Aura-Soma-Essenzen

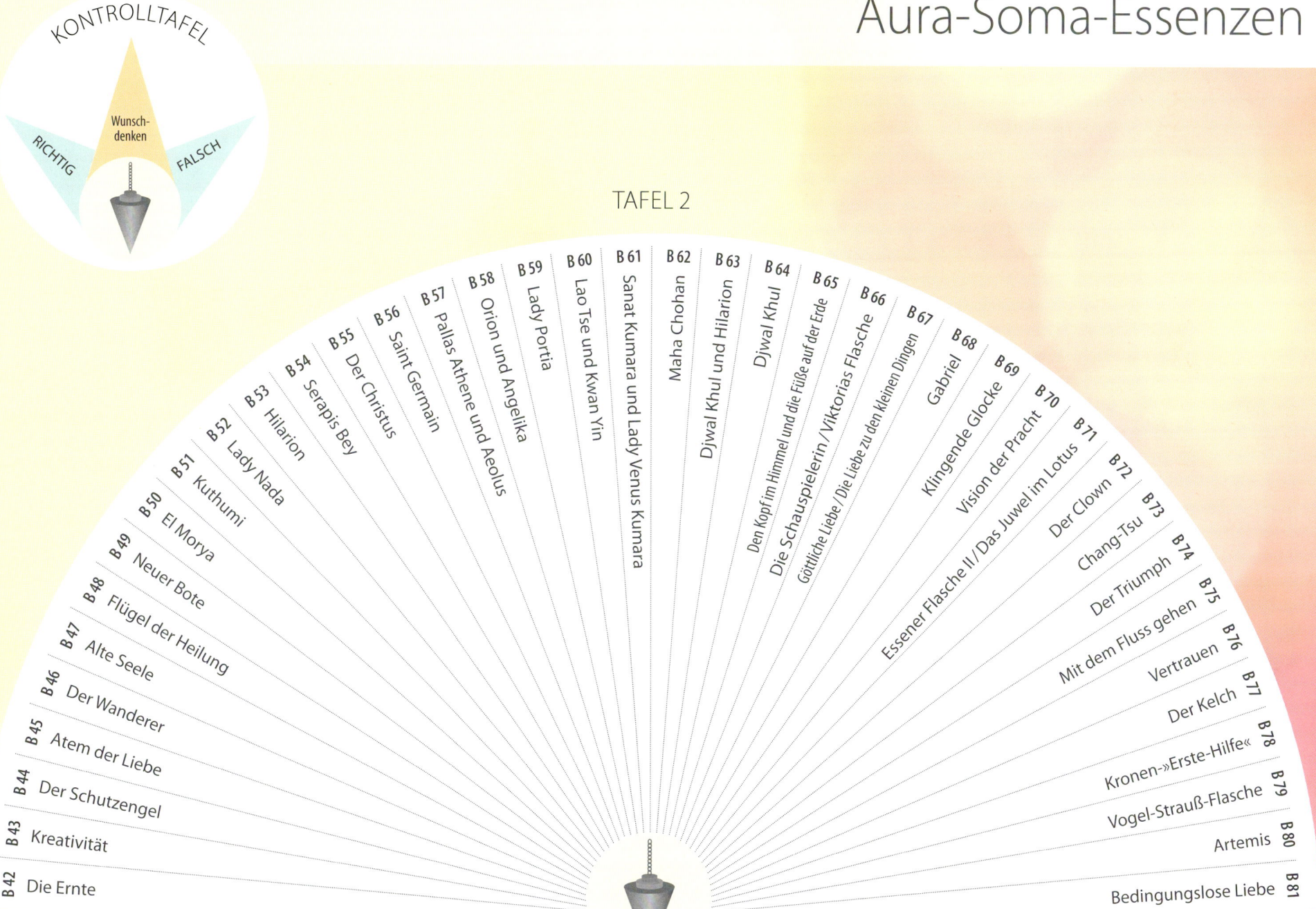

TAFEL 2

# Aura-Soma-Essenzen

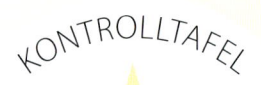

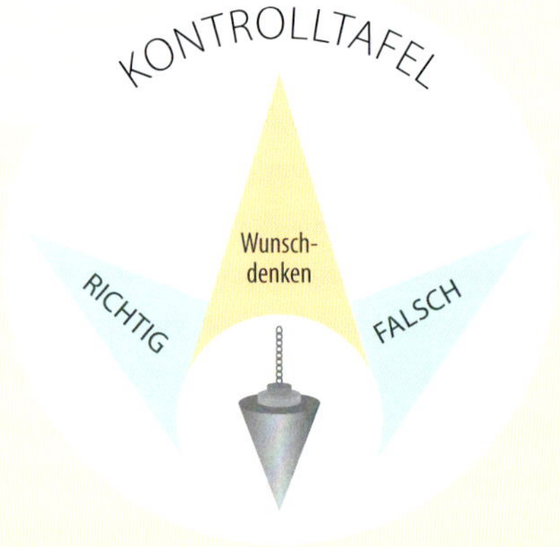
KONTROLLTAFEL
Wunsch-
denken
RICHTIG
FALSCH

TAFEL 3

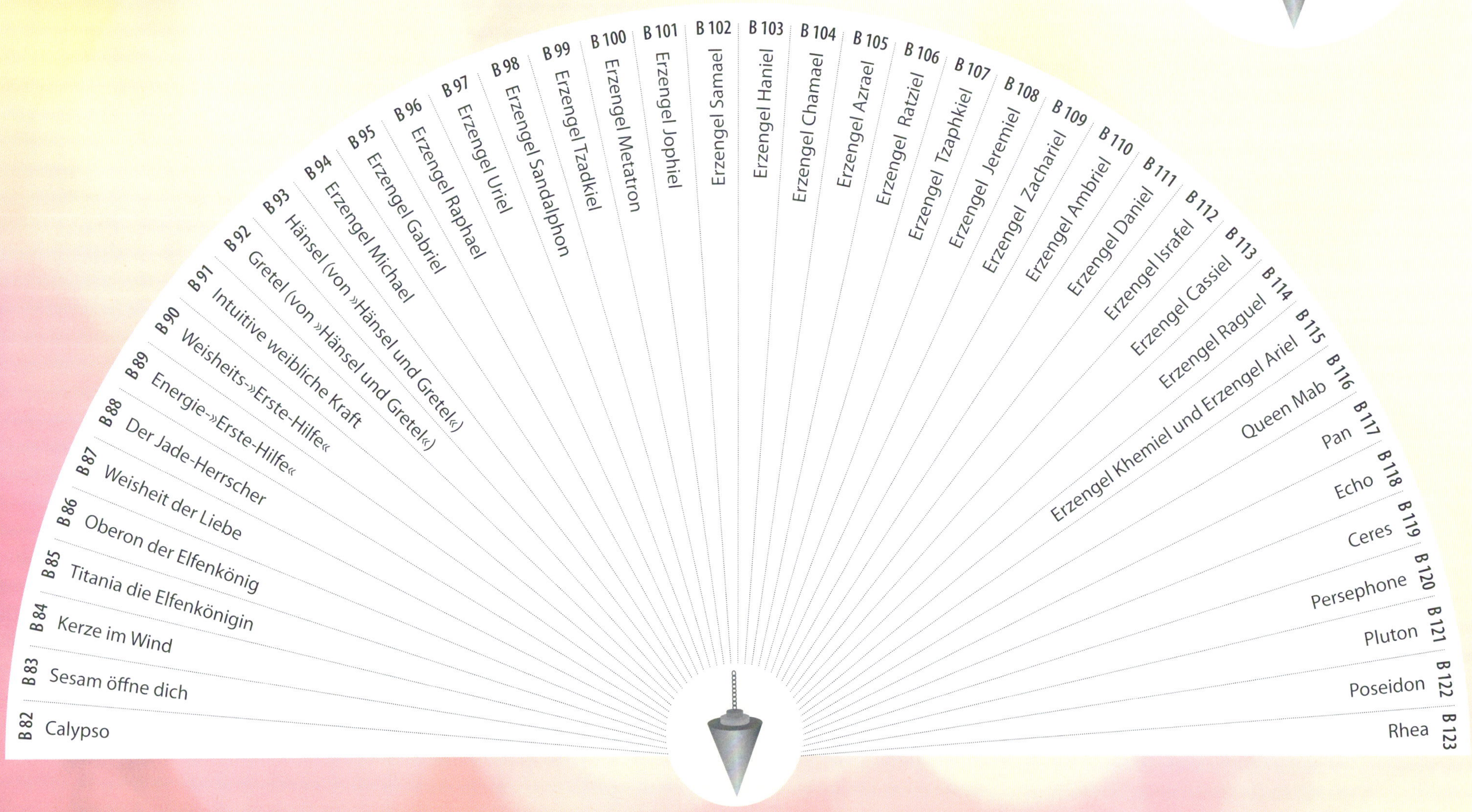
B 82 Calypso
B 83 Sesam öffne dich
B 84 Kerze im Wind
B 85 Titania die Elfenkönigin
B 86 Oberon der Elfenkönig
B 87 Weisheit der Liebe
B 88 Der Jade-Herrscher
B 89 Energie-»Erste-Hilfe«
B 90 Weisheits-»Erste-Hilfe«
B 91 Intuitive weibliche Kraft
B 92 Gretel (von »Hänsel und Gretel«)
B 93 Hänsel (von »Hänsel und Gretel«)
B 94 Erzengel Michael
B 95 Erzengel Gabriel
B 96 Erzengel Raphael
B 97 Erzengel Uriel
B 98 Erzengel Sandalphon
B 99 Erzengel Tzadkiel
B 100 Erzengel Metatron
B 101 Erzengel Jophiel
B 102 Erzengel Samael
B 103 Erzengel Haniel
B 104 Erzengel Chamael
B 105 Erzengel Azrael
B 106 Erzengel Ratziel
B 107 Erzengel Tzaphkiel
B 108 Erzengel Jeremiel
B 109 Erzengel Zachariel
B 110 Erzengel Ambriel
B 111 Erzengel Daniel
B 112 Erzengel Israfel
B 113 Erzengel Cassiel
B 114 Erzengel Raguel
B 115 Erzengel Khemiel und Erzengel Ariel
B 116 Queen Mab
B 117 Pan
B 118 Echo
B 119 Ceres
B 120 Persephone
B 121 Pluton
B 122 Poseidon
B 123 Rhea

# Aura Soma

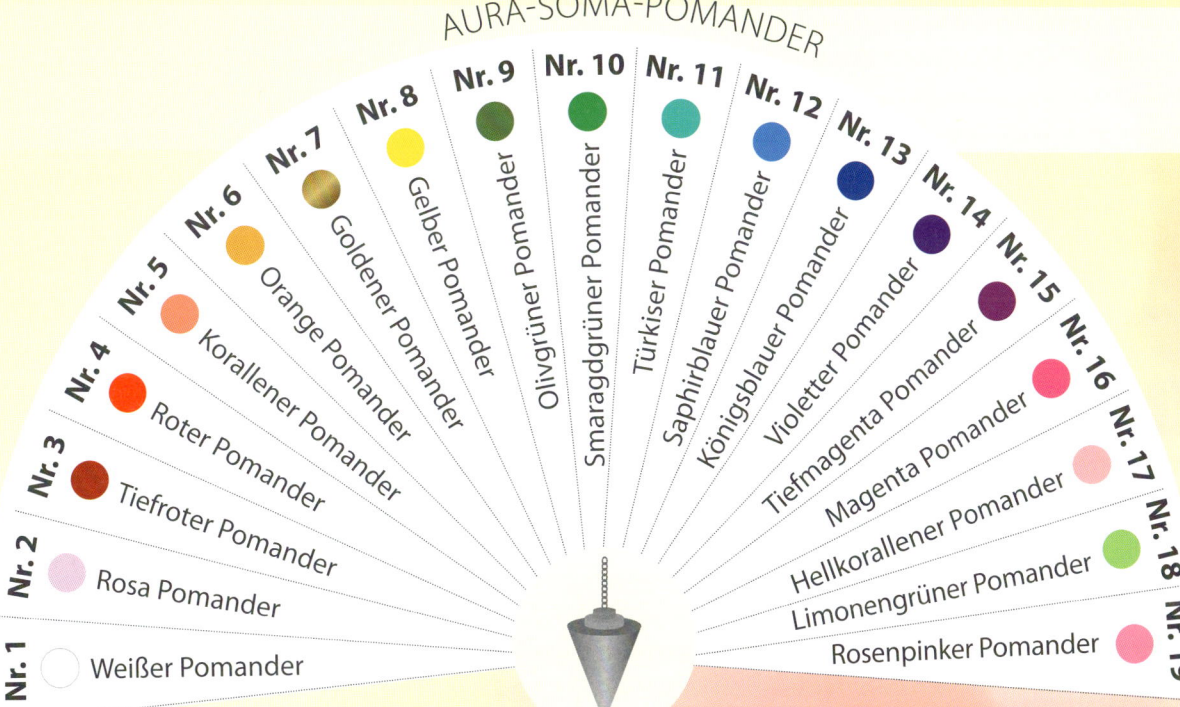

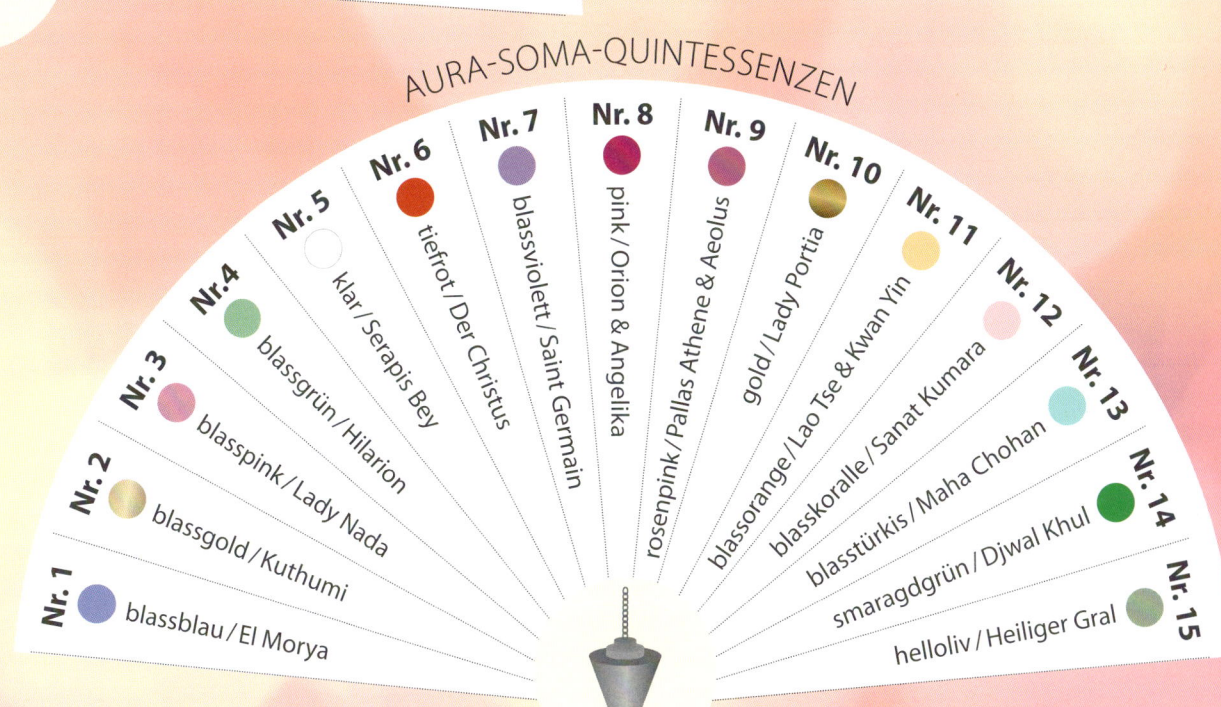

# Ätherische Öle

Wie viele ätherische Öle sollen benutzt werden?

Auf welcher Karte steht das Öl, das benutzt werden soll?
(Bei mehreren Ölen nacheinander abfragen.)

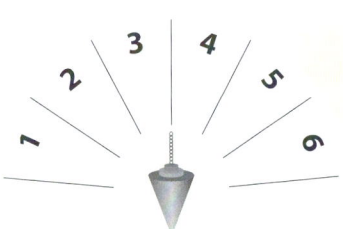

Wie soll das ätherische Öl angewendet werden?

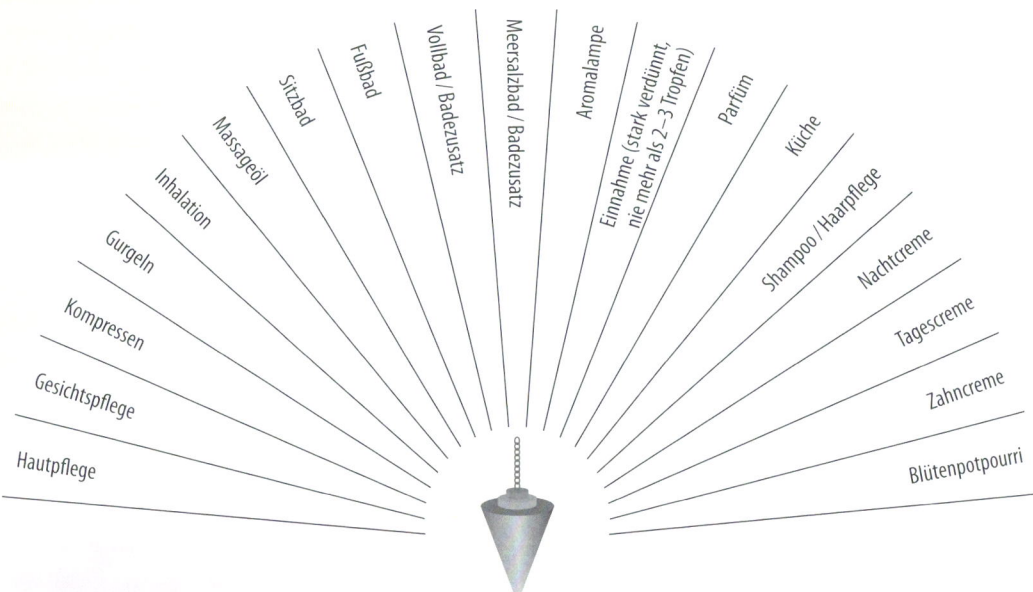

Wie viele Tropfen sollen verwendet werden?

# Ätherische Öle

Ist eine Verdünnung mit einem Basisöl notwendig?

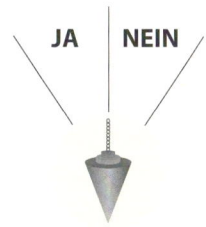

Welches Basisöl solll benutzt werden?

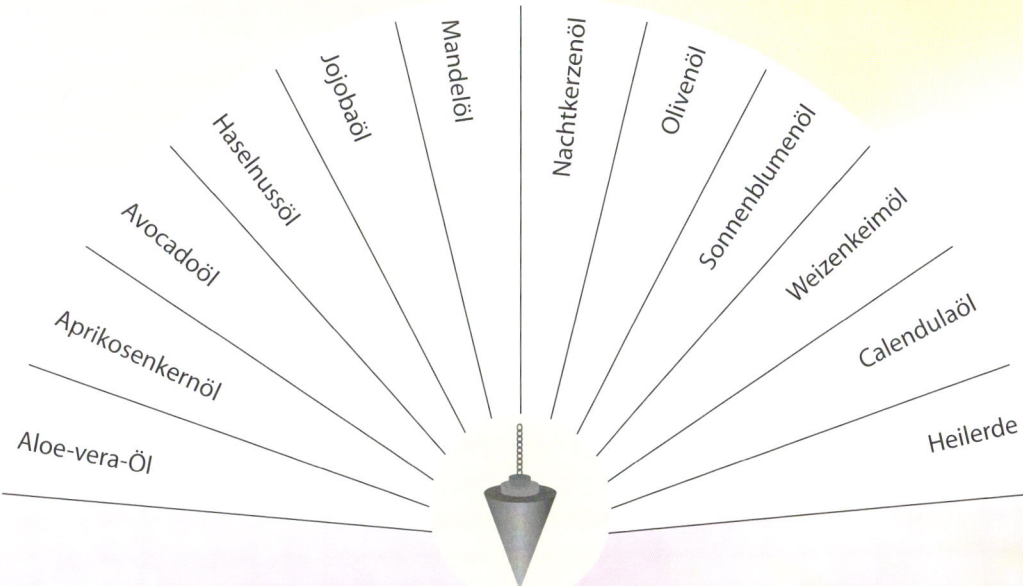

Aloe-vera-Öl, Aprikosenkernöl, Avocadoöl, Haselnussöl, Jojobaöl, Mandelöl, Nachtkerzenöl, Olivenöl, Sonnenblumenöl, Weizenkeimöl, Calendulaöl, Heilerde

Auf wie viel ml / g Basisöl soll die Mischung erfolgen?

10, 20, 30, 40, 50, 60, 70, 80, 90, 100, 200

Wie oft soll das ätherische Öl bzw. die Mischung täglich angewendet werden?

Wie lange soll das ätherische Öl bzw. die Mischung angewendet werden?

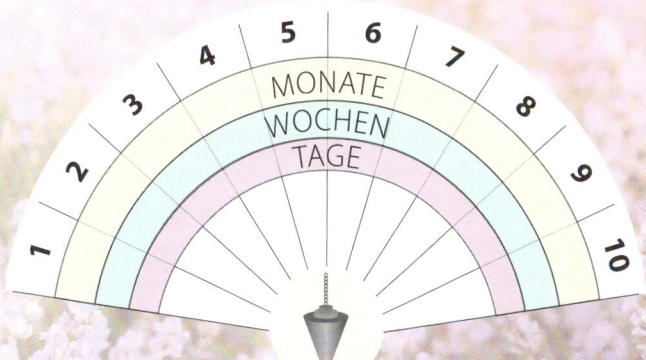

MONATE / WOCHEN / TAGE

KONTROLLTAFEL — RICHTIG, Wunschdenken, FALSCH

# Ätherische Öle

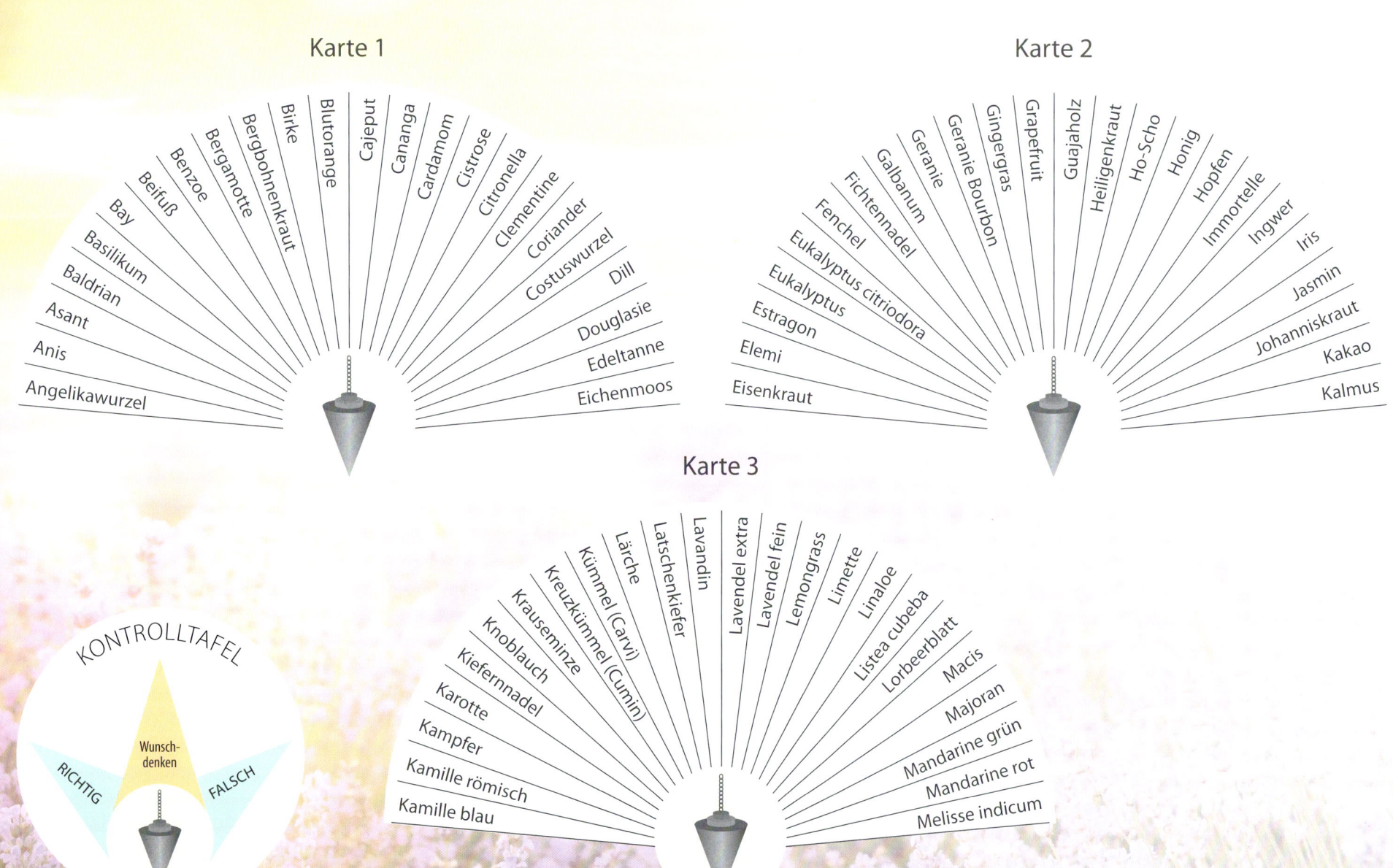

# Ätherische Öle

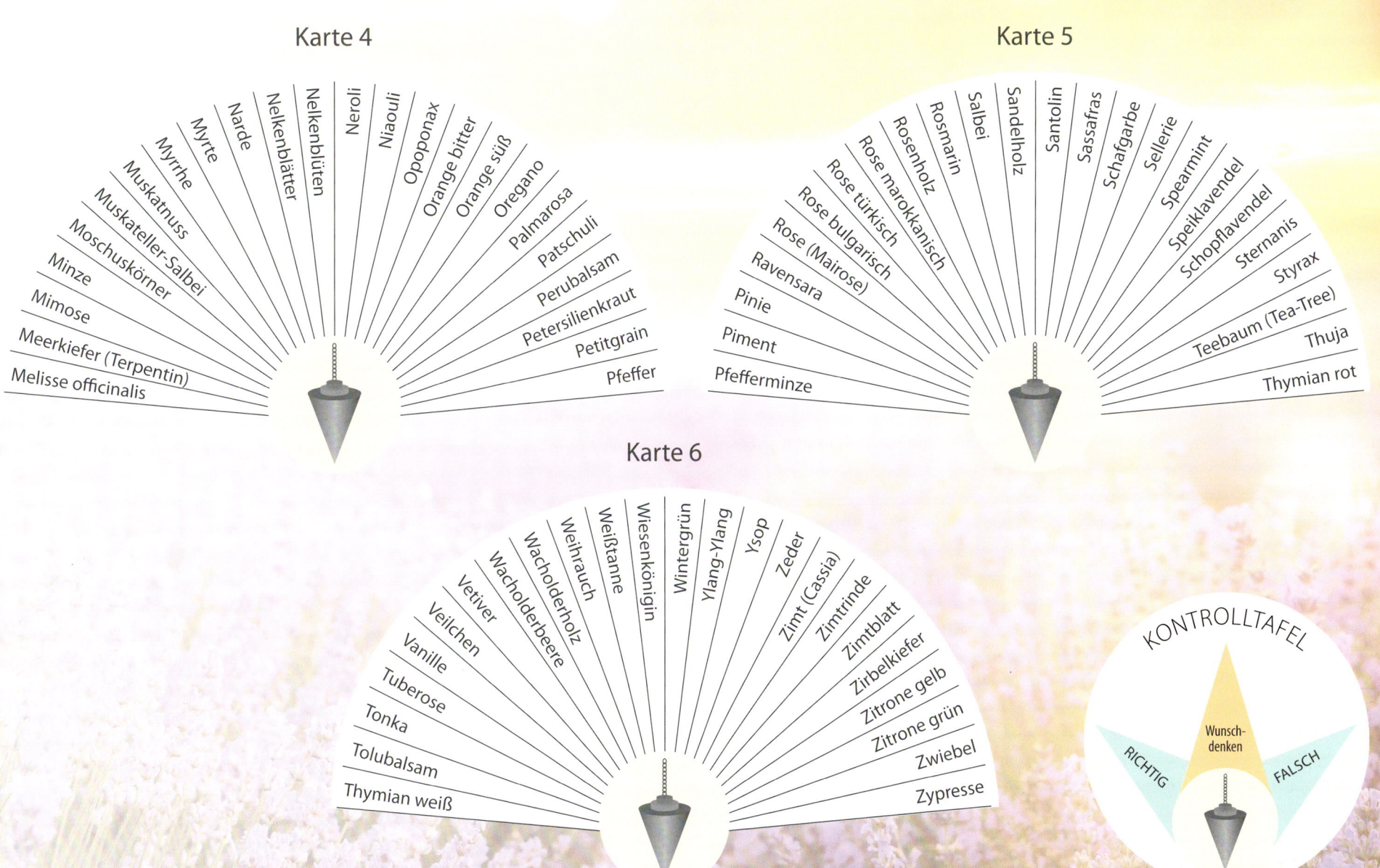

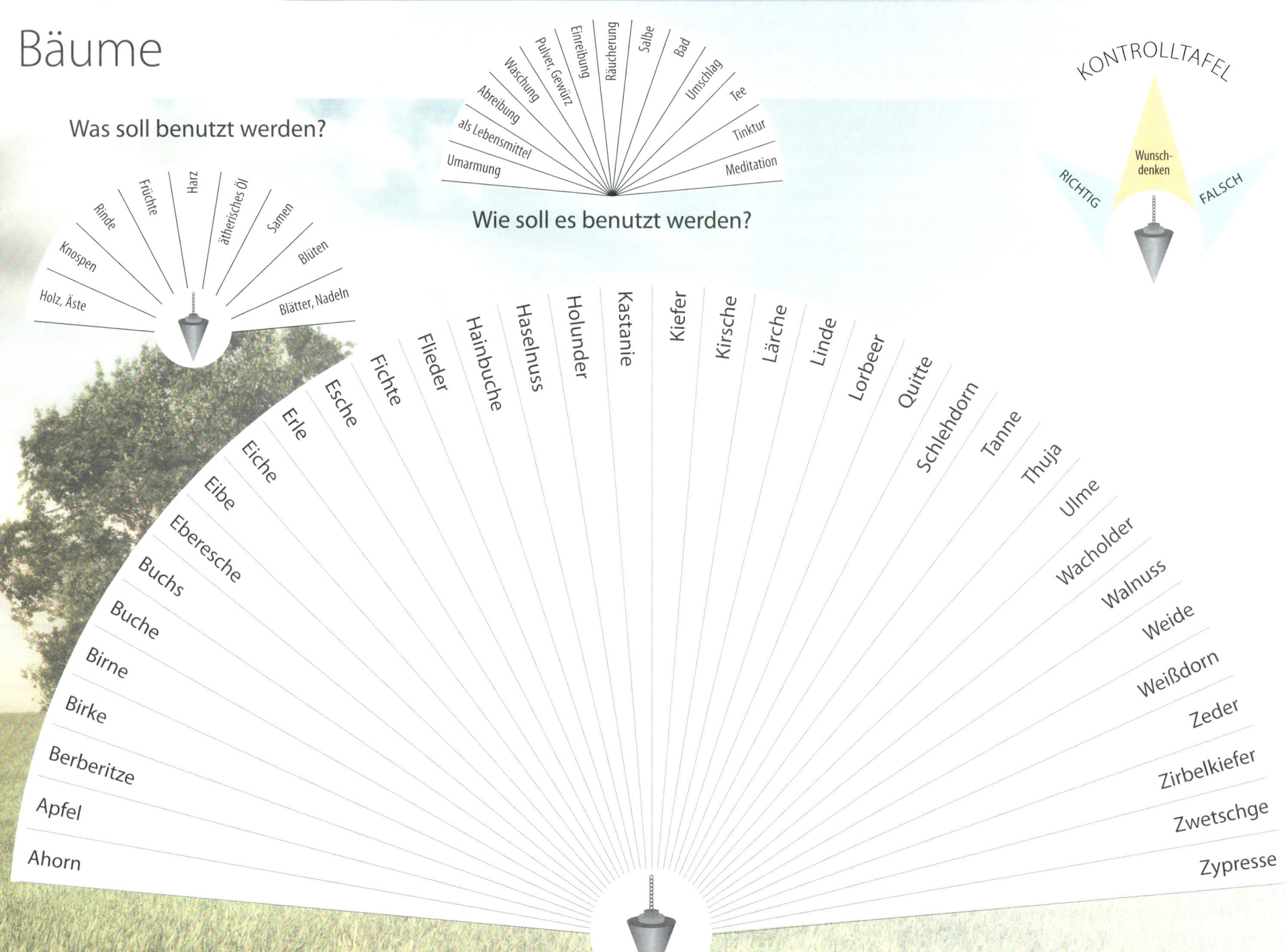

# Räuchern

Räuchern mit Harzen, Balsamen und Hölzern

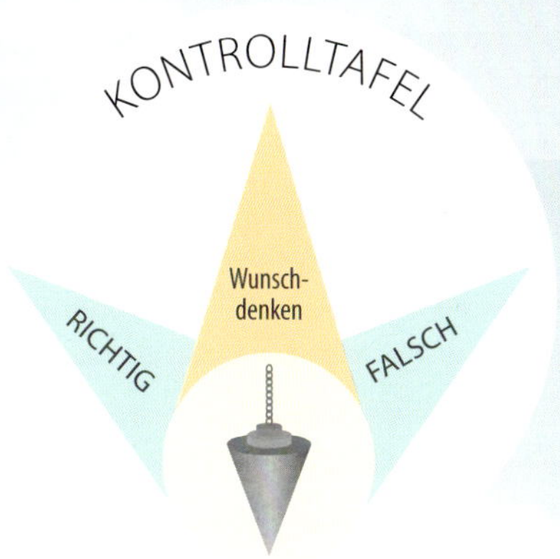

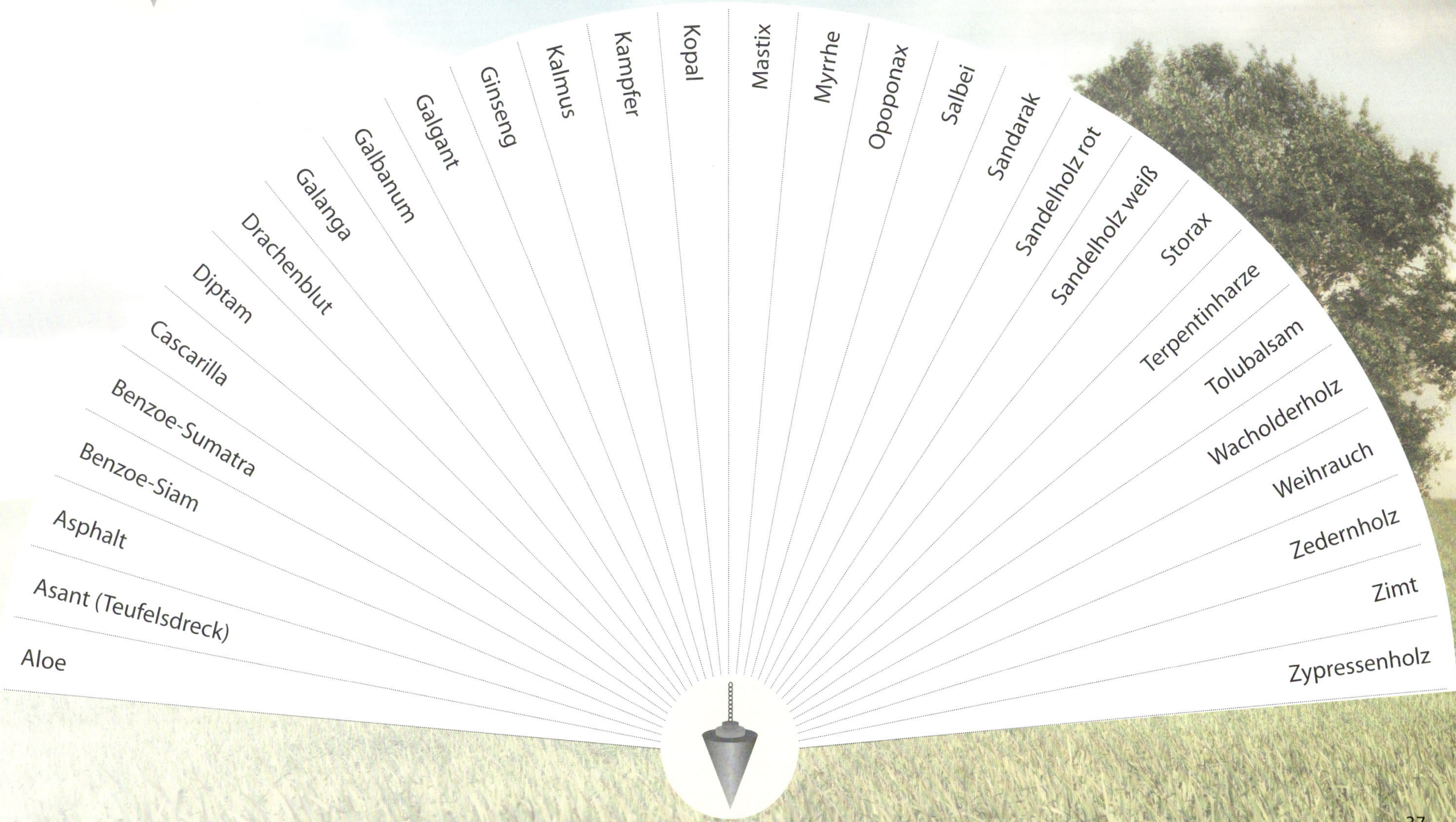

**KONTROLLTAFEL** — RICHTIG · Wunschdenken · FALSCH

- Aloe
- Asant (Teufelsdreck)
- Asphalt
- Benzoe-Siam
- Benzoe-Sumatra
- Cascarilla
- Diptam
- Drachenblut
- Galanga
- Galbanum
- Galgant
- Ginseng
- Kalmus
- Kampfer
- Kopal
- Mastix
- Myrrhe
- Opoponax
- Salbei
- Sandarak
- Sandelholz rot
- Sandelholz weiß
- Storax
- Terpentinharze
- Tolubalsam
- Wacholderholz
- Weihrauch
- Zedernholz
- Zimt
- Zypressenholz

# Diagnose

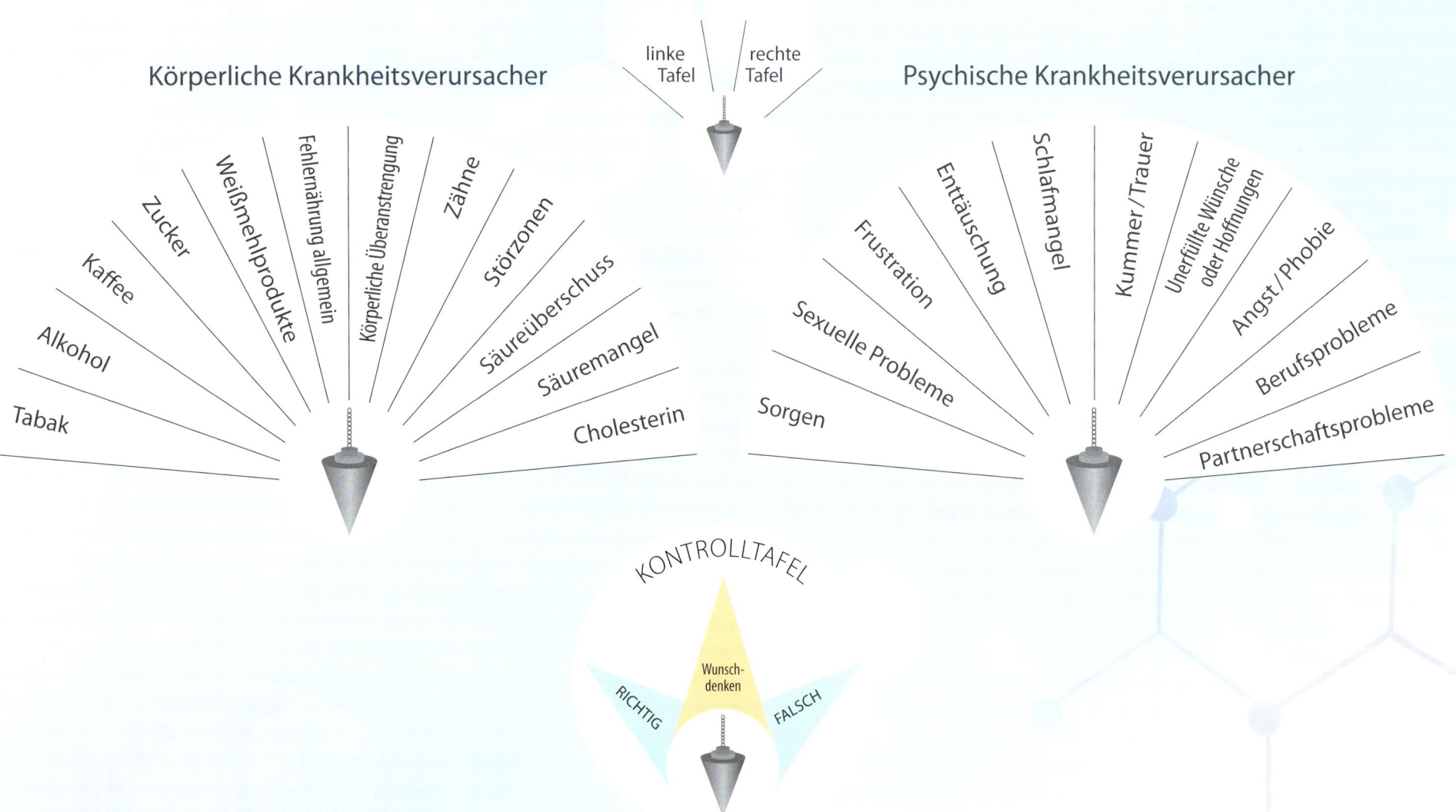

# Diagnose

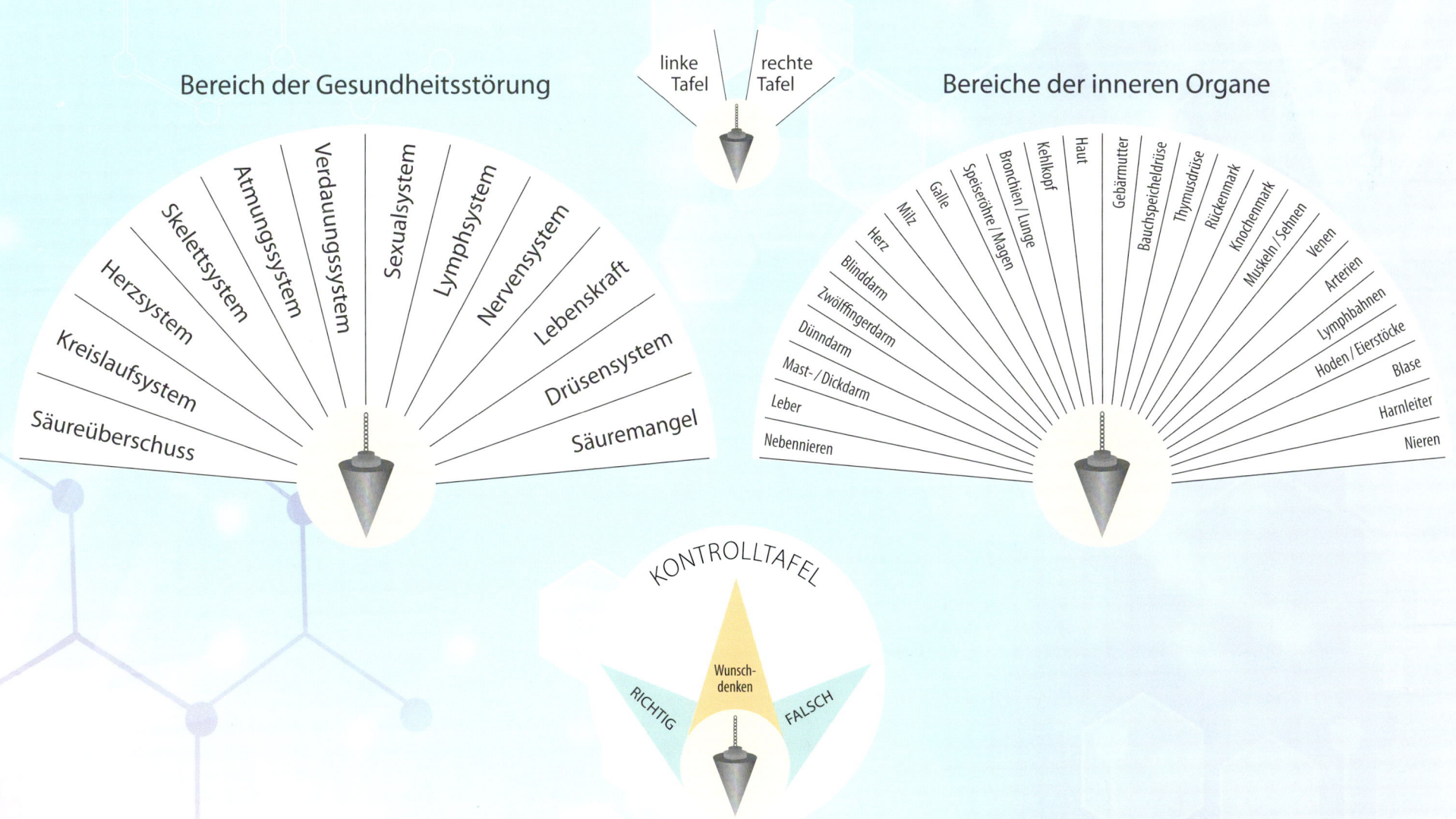

# Diagnose

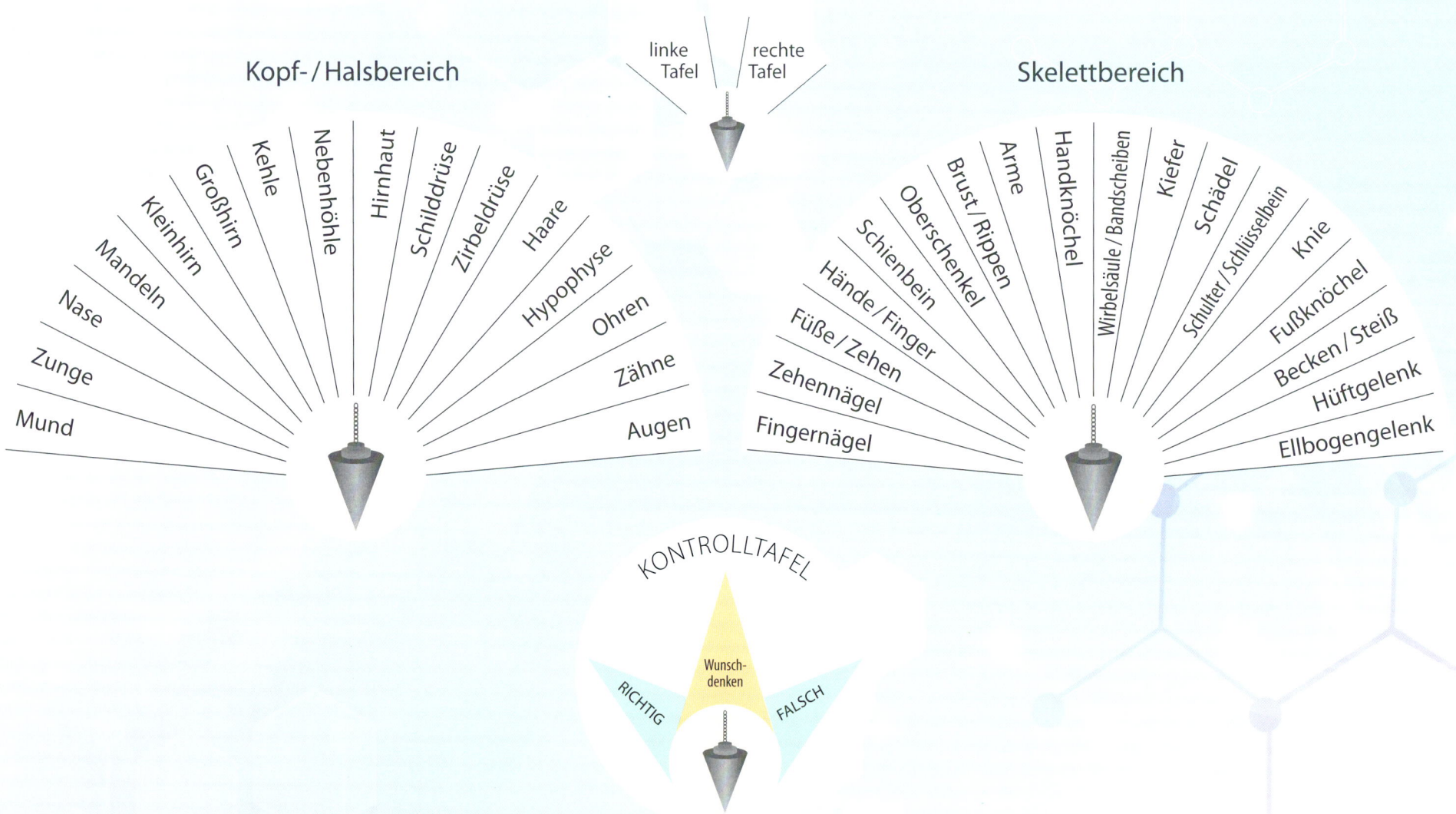

# Diagnose

Wie hoch ist mein Blutdruck bzw. der Blutdruck von Person X?
Erfragen Sie zuerst den systolischen, danach den diastolischen Wert.

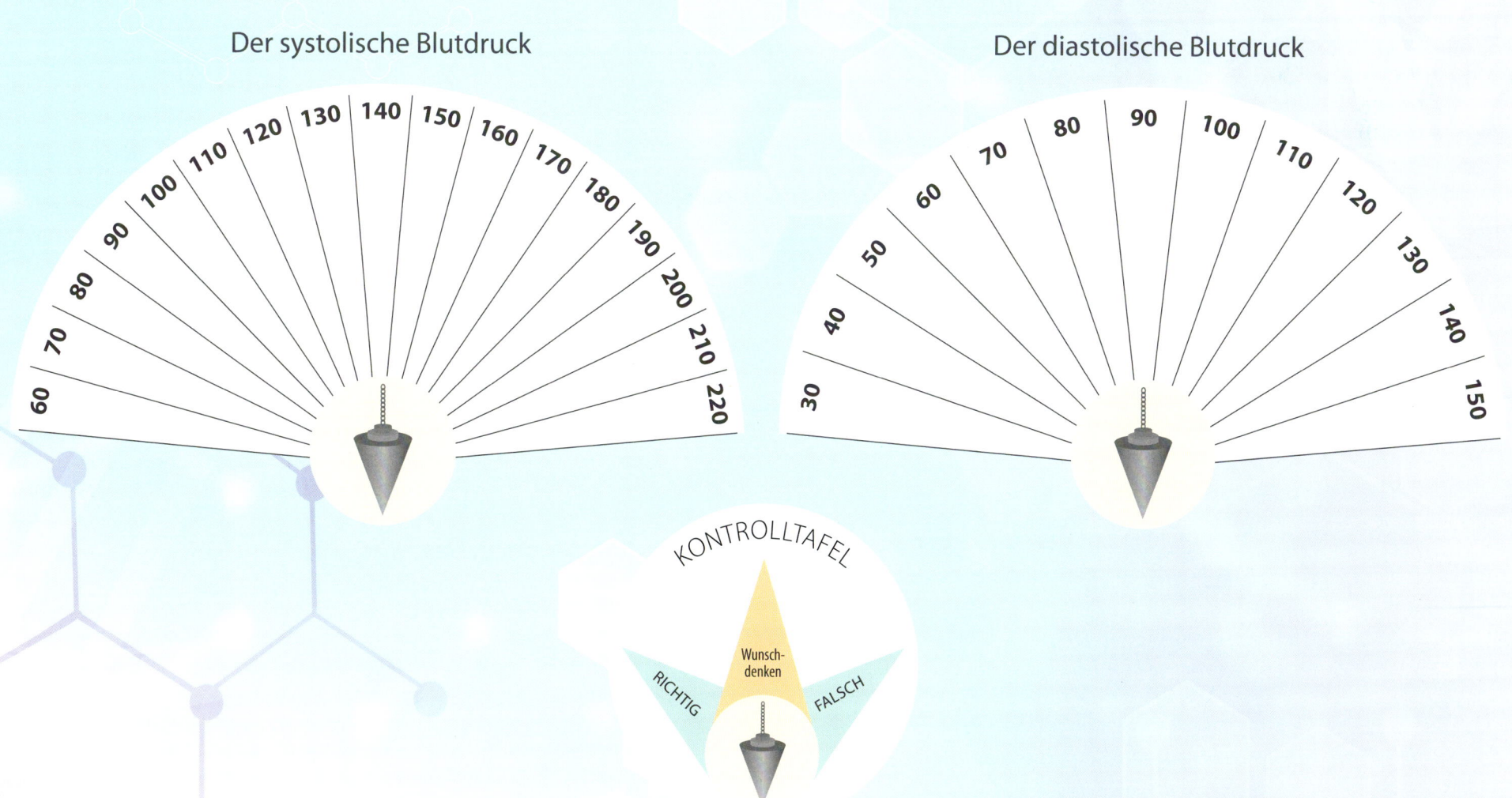

# Die richtige Therapie

Es können auch mehrere Therapien notwendig sein. Erfragen Sie auf der Zahlentafel (S.16), wie viele es sind. Pendeln Sie diese entsprechend aus.

Karte 1
Karte 2


KONTROLLTAFEL
RICHTIG
Wunsch-denken
FALSCH


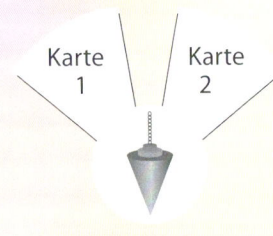

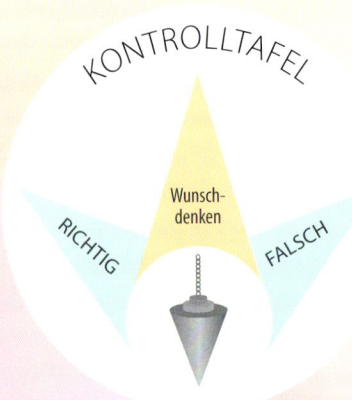

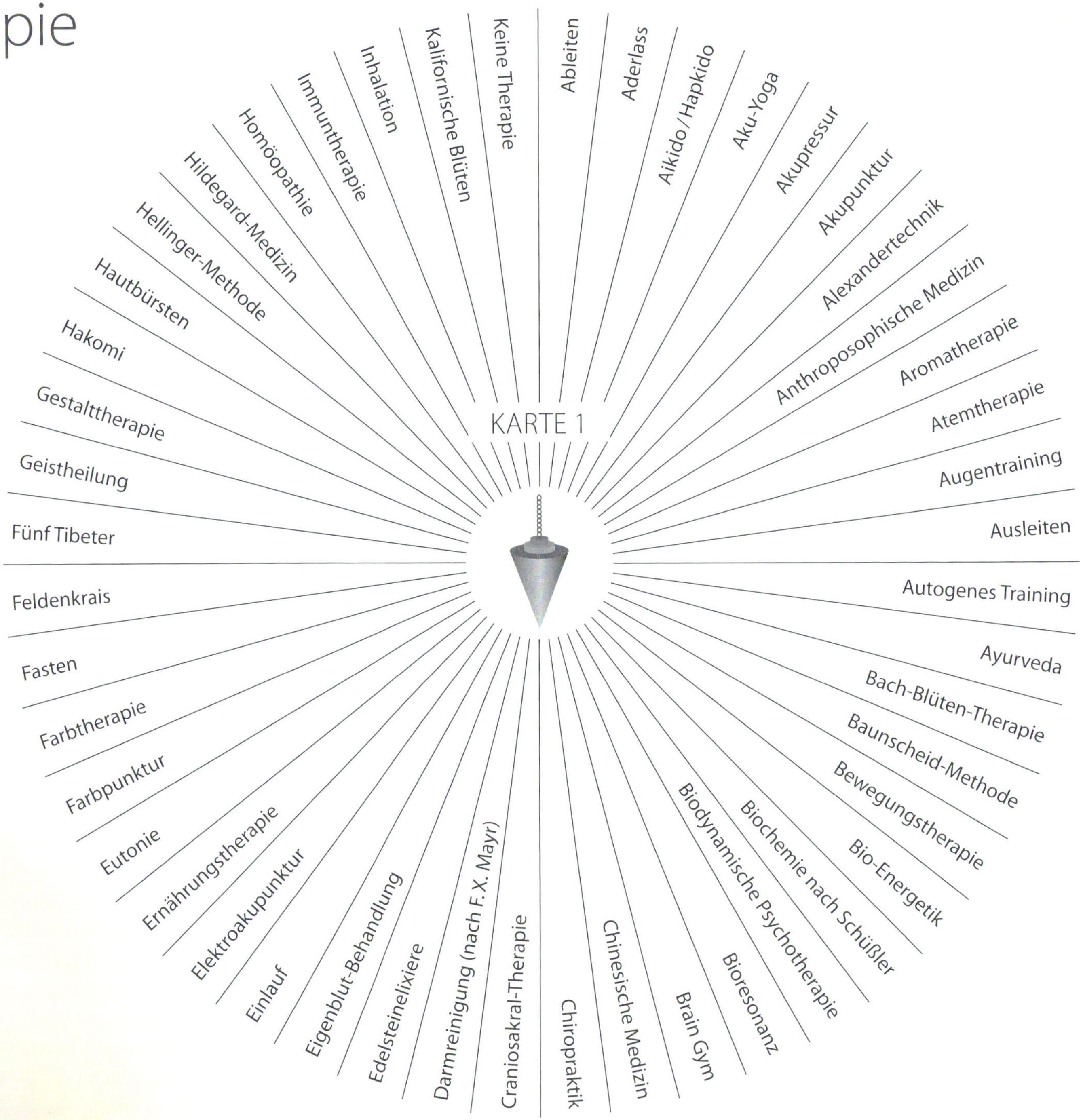

KARTE 1
Ableiten
Aderlass
Aikido / Hapkido
Aku-Yoga
Akupressur
Akupunktur
Alexandertechnik
Anthroposophische Medizin
Aromatherapie
Atemtherapie
Augentraining
Ausleiten
Autogenes Training
Ayurveda
Bach-Blüten-Therapie
Baunscheid-Methode
Bewegungstherapie
Bio-Energetik
Biochemie nach Schüßler
Biodynamische Psychotherapie
Bioresonanz
Brain Gym
Chinesische Medizin
Chiropraktik
Craniosakral-Therapie
Darmreinigung (nach F. X. Mayr)
Edelsteinelixiere
Eigenblut-Behandlung
Einlauf
Elektroakupunktur
Ernährungstherapie
Eutonie
Farbpunktur
Farbtherapie
Fasten
Feldenkrais
Fünf Tibeter
Geistheilung
Gestalttherapie
Hakomi
Hautbürsten
Hellinger-Methode
Hildegard-Medizin
Homöopathie
Immuntherapie
Inhalation
Kalifornische Blüten
Keine Therapie

# Die richtige Therapie

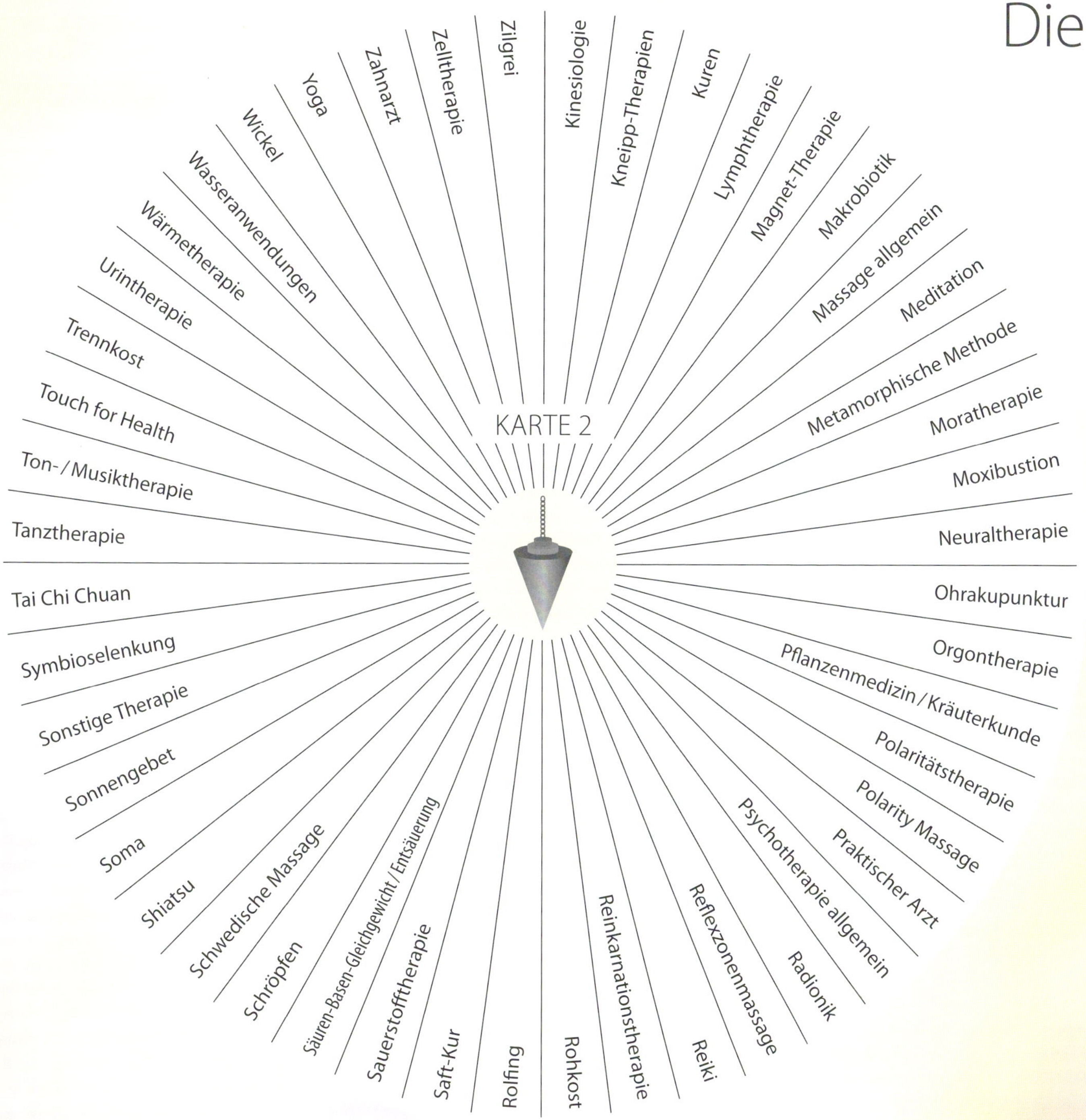

**KARTE 2**

- Ziligrei
- Zahnarzt
- Zelltherapie
- Yoga
- Wickel
- Wasseranwendungen
- Wärmetherapie
- Urintherapie
- Trennkost
- Touch for Health
- Ton-/Musiktherapie
- Tanztherapie
- Tai Chi Chuan
- Symbioselenkung
- Sonstige Therapie
- Sonnengebet
- Soma
- Shiatsu
- Schwedische Massage
- Schröpfen
- Säuren-Basen-Gleichgewicht/Entsäuerung
- Sauerstofftherapie
- Saft-Kur
- Rolfing
- Rohkost
- Reinkarnationstherapie
- Reiki
- Reflexzonenmassage
- Radionik
- Psychotherapie allgemein
- Praktischer Arzt
- Polarity Massage
- Polaritätstherapie
- Pflanzenmedizin / Kräuterkunde
- Orgontherapie
- Ohrakupunktur
- Neuraltherapie
- Moxibustion
- Moratherapie
- Metamorphische Methode
- Meditation
- Massage allgemein
- Makrobiotik
- Magnet-Therapie
- Lymphtherapie
- Kuren
- Kneipp-Therapien
- Kinesiologie

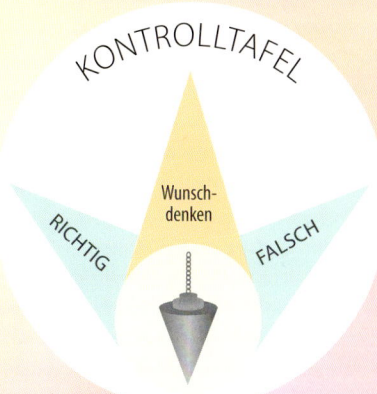

KONTROLLTAFEL — RICHTIG / Wunschdenken / FALSCH

43

# Homöopathie

### Anmerkung:

Das Arbeiten mit homöopathischen Mitteln gehört in erfahrene Hände. Die folgenden Tafeln sollen Heilpraktiker und Ärzte, die mit Homöopathie und Pendel arbeiten, unterstützen. Beim Auspendeln von Diagnosen und Verschreibungen sind grundlegendes Wissen über die Medikamente, viel Erfahrung und Übung mit dem Pendel sowie gesunder Menschenverstand und Praxis in der medizinischen Heilkunde unbedingt erforderlich!

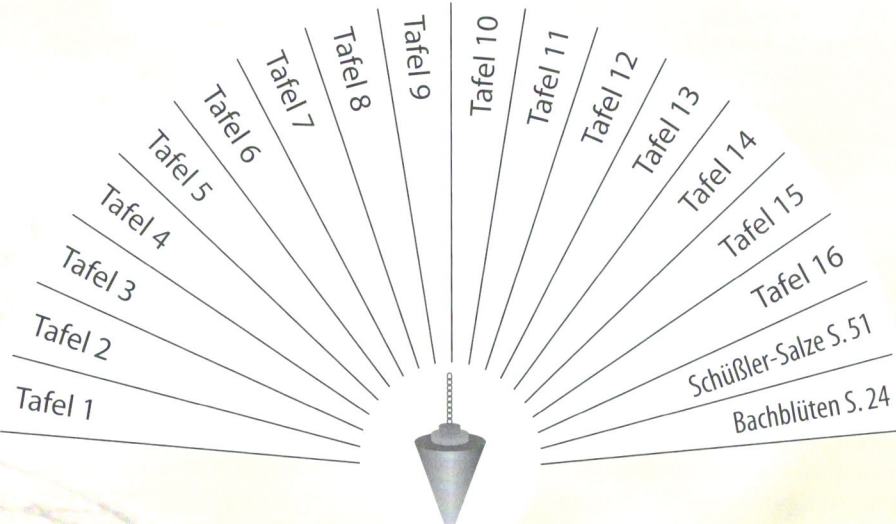

# Homöopathie

**In welcher Form soll das Mittel eingenommen werden?**

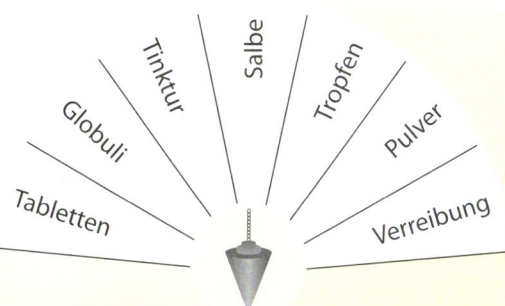

**Wie lange soll das Mittel eingenommen werden?**

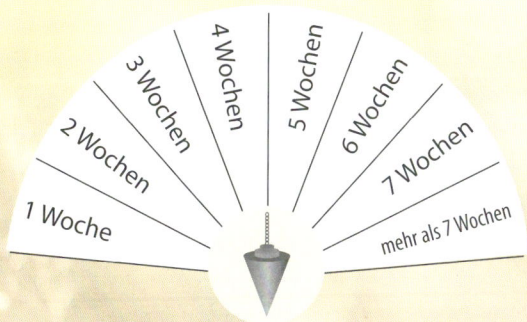

**Wie oft soll das Mittel eingenommen werden?**

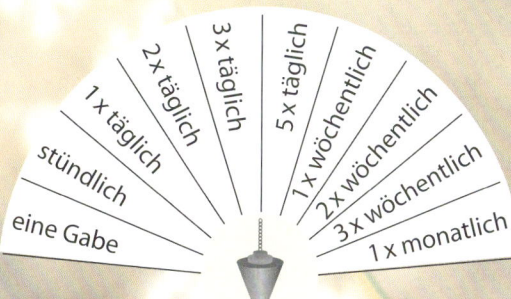

TAFEL 1

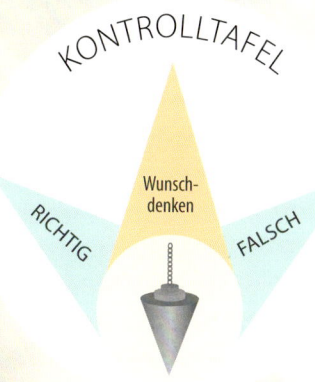

# Homöopathie

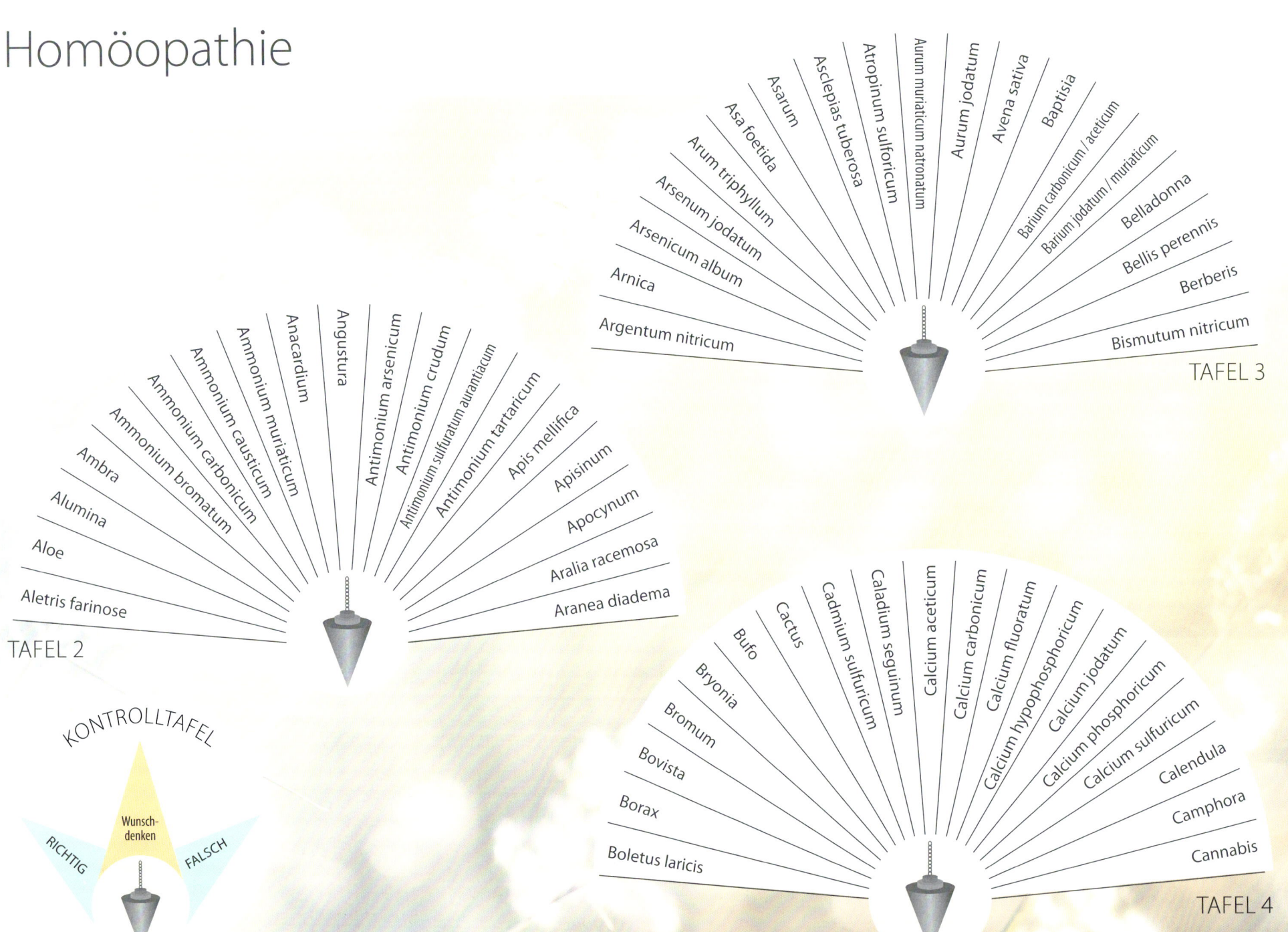

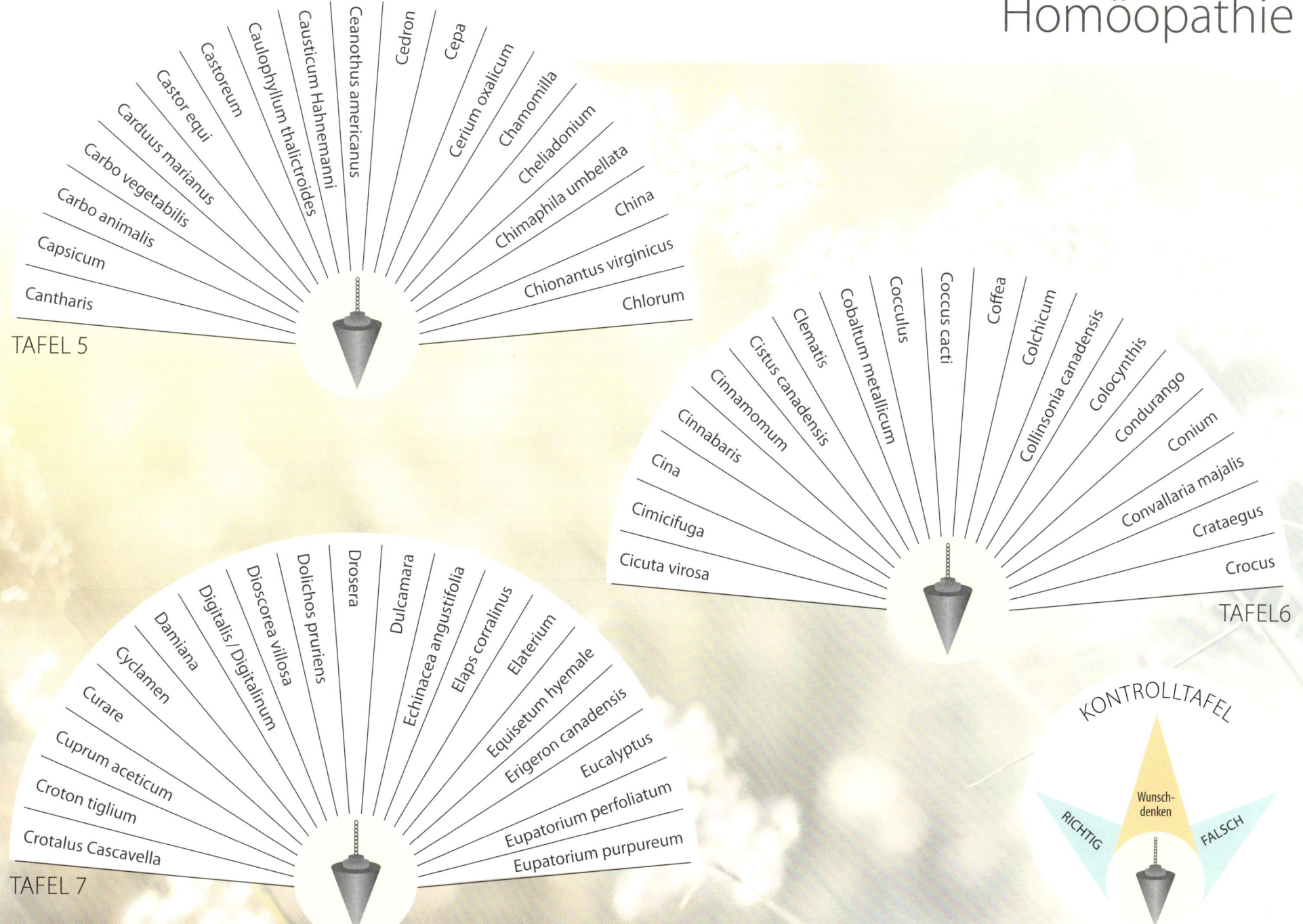

# Homöopathie

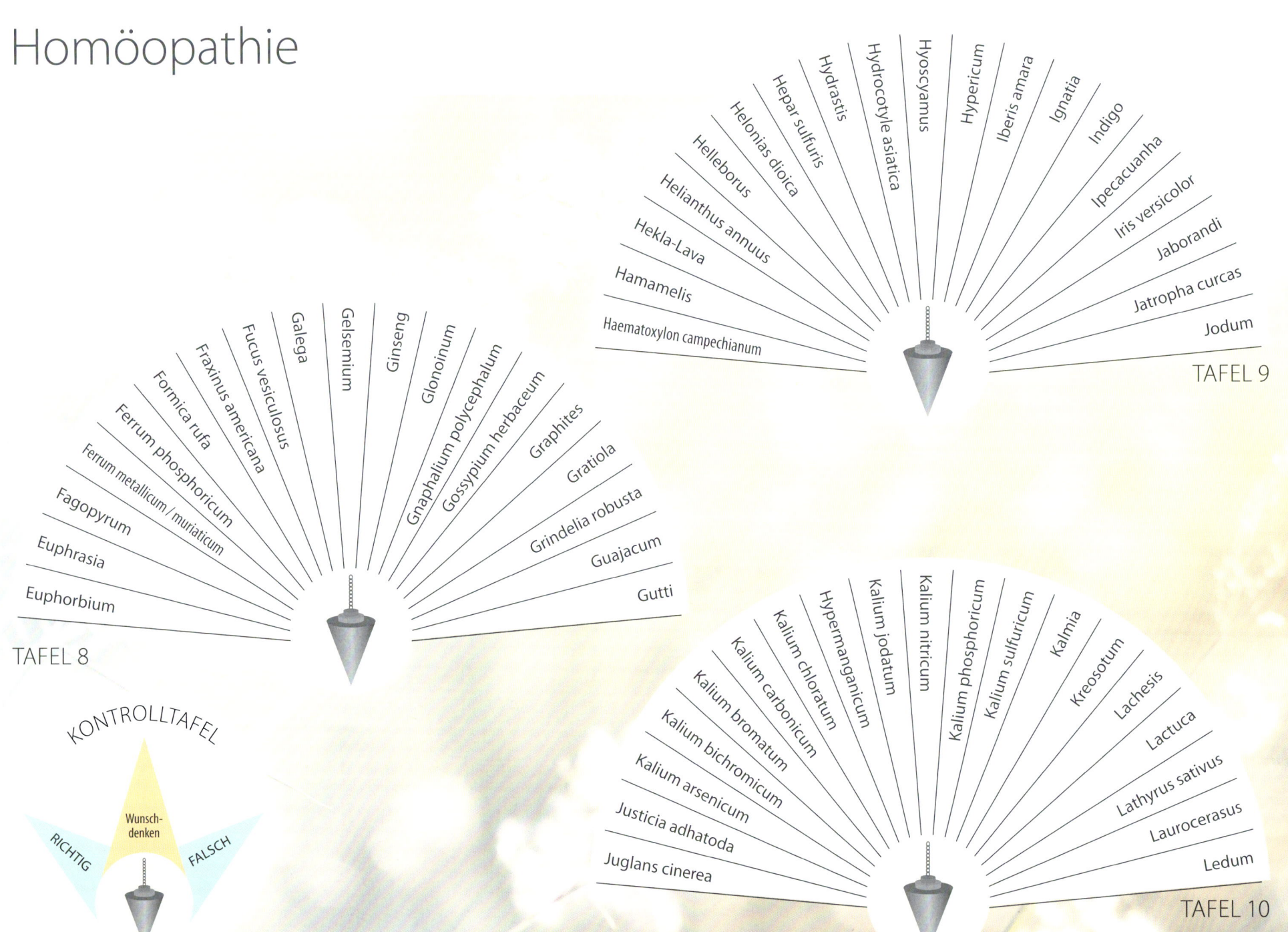

# Homöopathie

# Homöopathie

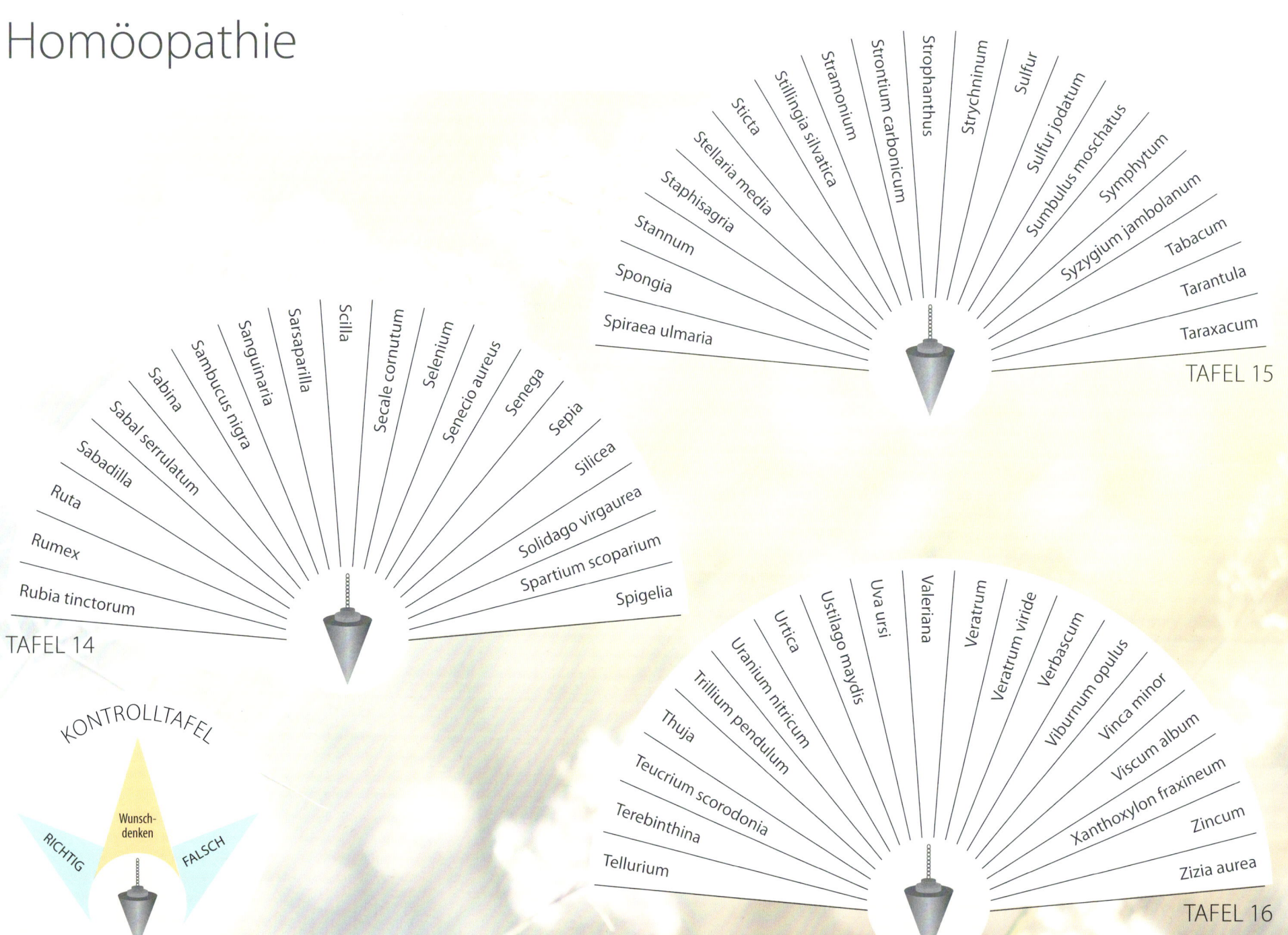

# Biochemie

Potenzierung

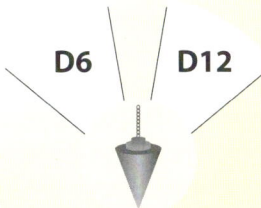

Wie oft soll das Mineralsalz täglich angewendet werden?

Wie lange soll das Mineralsalz benutzt werden?

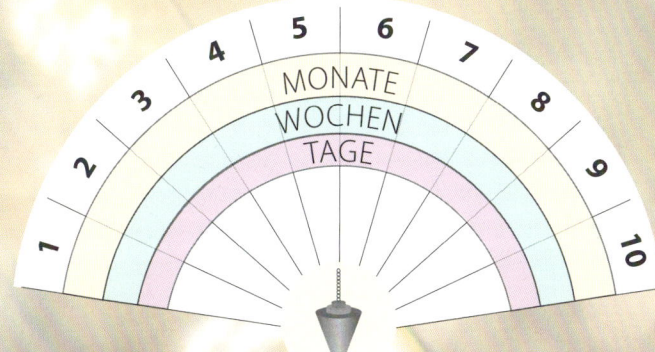

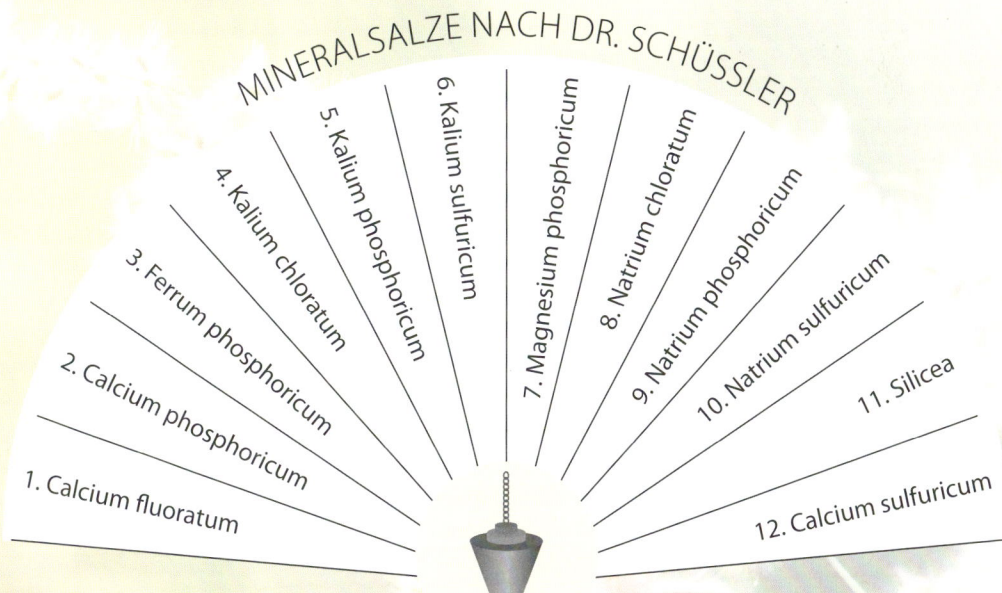

# Vitamine

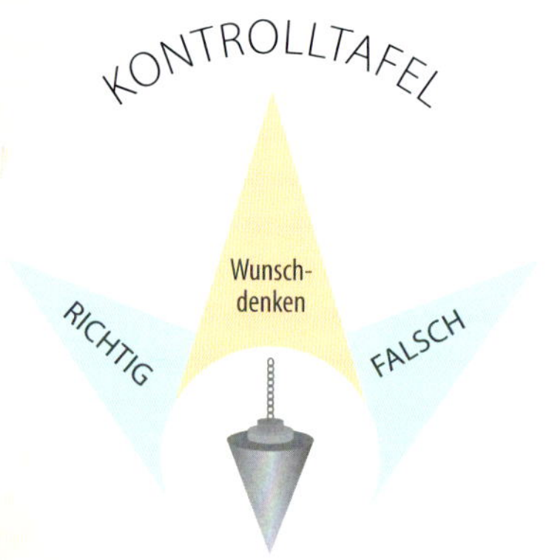

KONTROLLTAFEL

RICHTIG — Wunschdenken — FALSCH

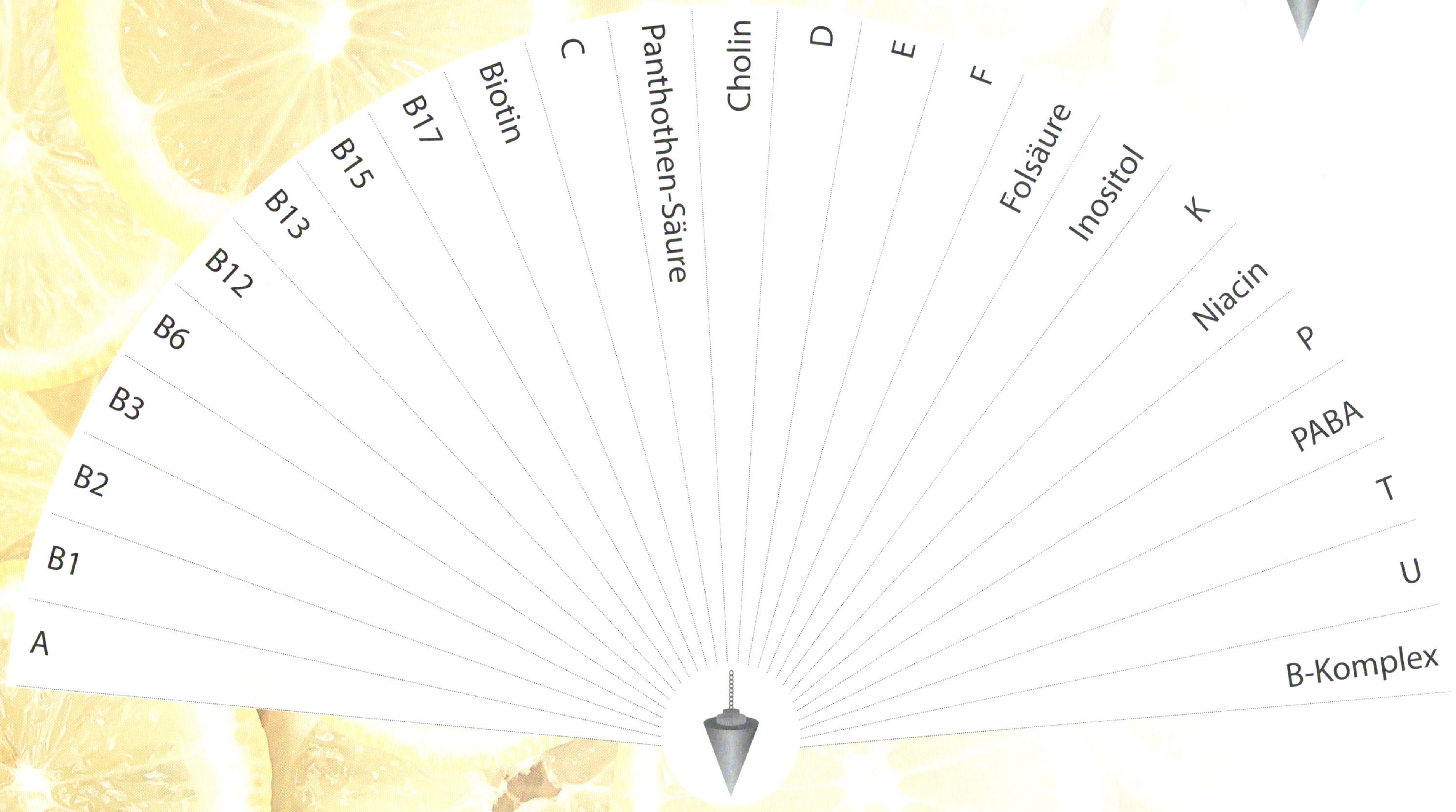

- A
- B1
- B2
- B3
- B6
- B12
- B13
- B15
- B17
- Biotin
- C
- Panthothen-Säure
- Cholin
- D
- E
- F
- Folsäure
- Inositol
- K
- Niacin
- P
- PABA
- T
- U
- B-Komplex

# Mineralstoffe und Spurenelemente

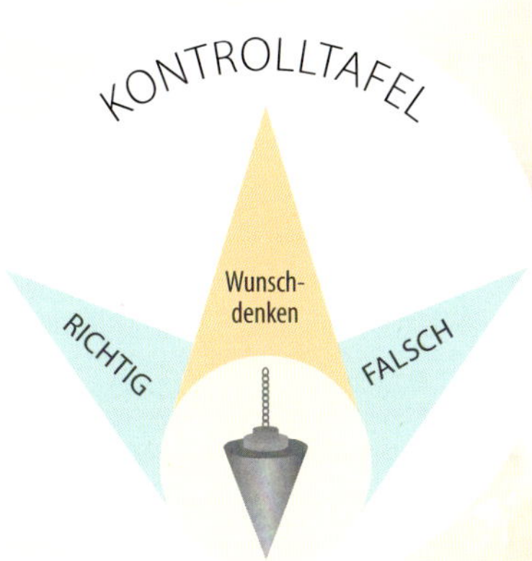

KONTROLLTAFEL

RICHTIG — Wunschdenken — FALSCH

- Calcium
- Chlor
- Chrom
- Eisen
- Fluor
- Jod
- Kalium
- Kobalt
- Kupfer
- Magnesium
- Mangan
- Molybdän
- Natrium
- Phosphor
- Schwefel
- Selen
- Vanadium
- Wasser
- Zink

# Ernährungstherapie mit Sprossen und Keimen

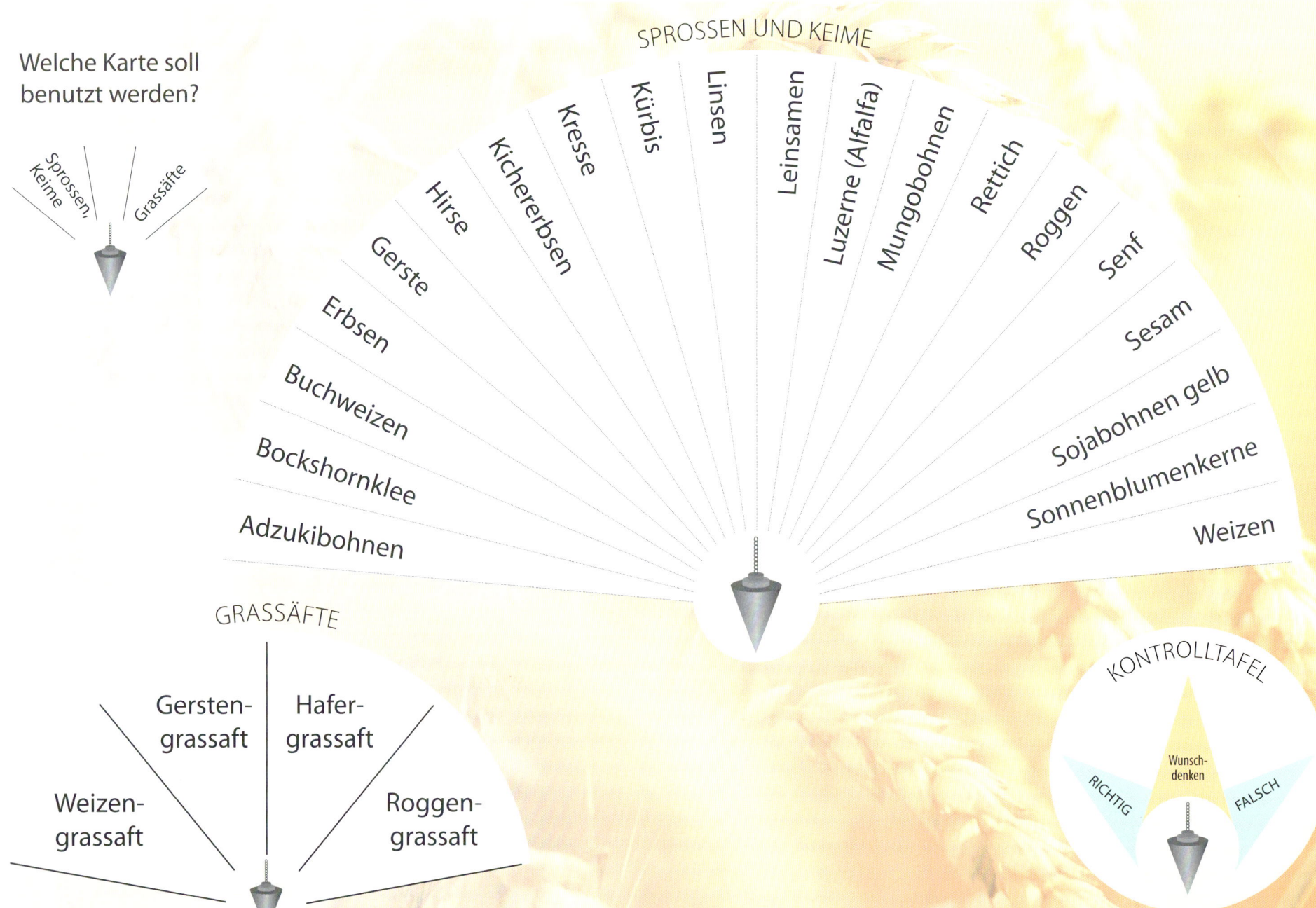

# Ernährungstherapie mit Sprossen und Keimen

Wie viele Sorten Keime / Sprossen sollen gegessen werden?

In welchen Mengen sollen die Keime / Sprossen gegessen werden?

Wie viele ml Grassaft sollen getrunken werden?

Wie oft sollen die Keime / Sprossen täglich gegessen werden?

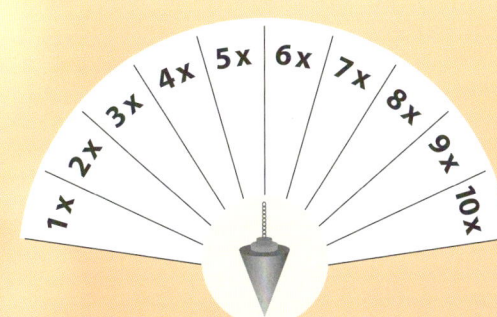

Wie lange sollen die Keime / Sprossen gegessen werden?

# Tee

KONTROLLTAFEL

Auf welcher Tafel finde ich die richtige Sorte?

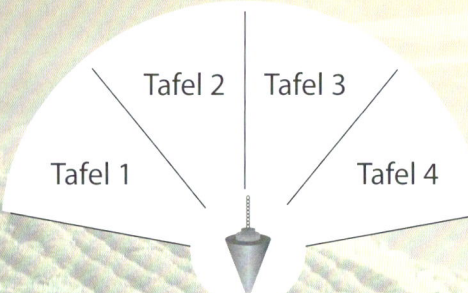

Wie viele Minuten soll der Tee ziehen?

Wie oft am Tag soll der Tee getrunken werden?

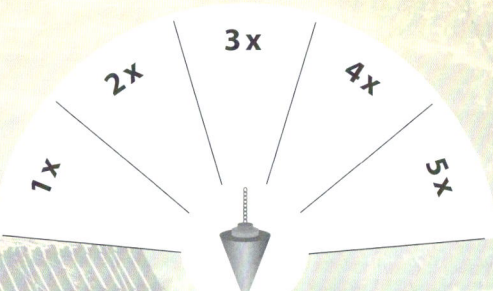

Aus wie vielen Sorten Tee soll meine Teemischung bestehen?

Wie viel Gramm der jeweiligen Sorte benötige ich für ¼ Liter Wasser?

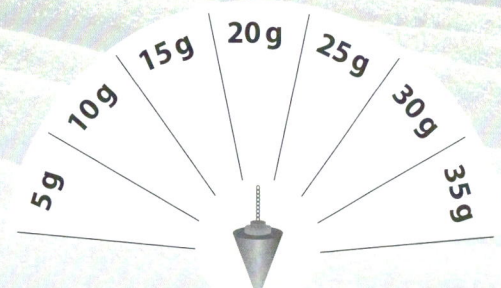

Wie lange soll der Tee getrunken werden?

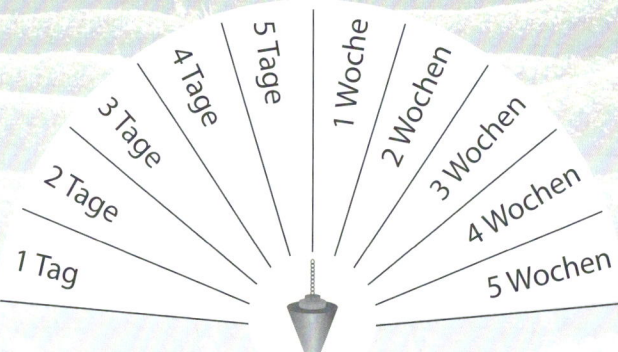

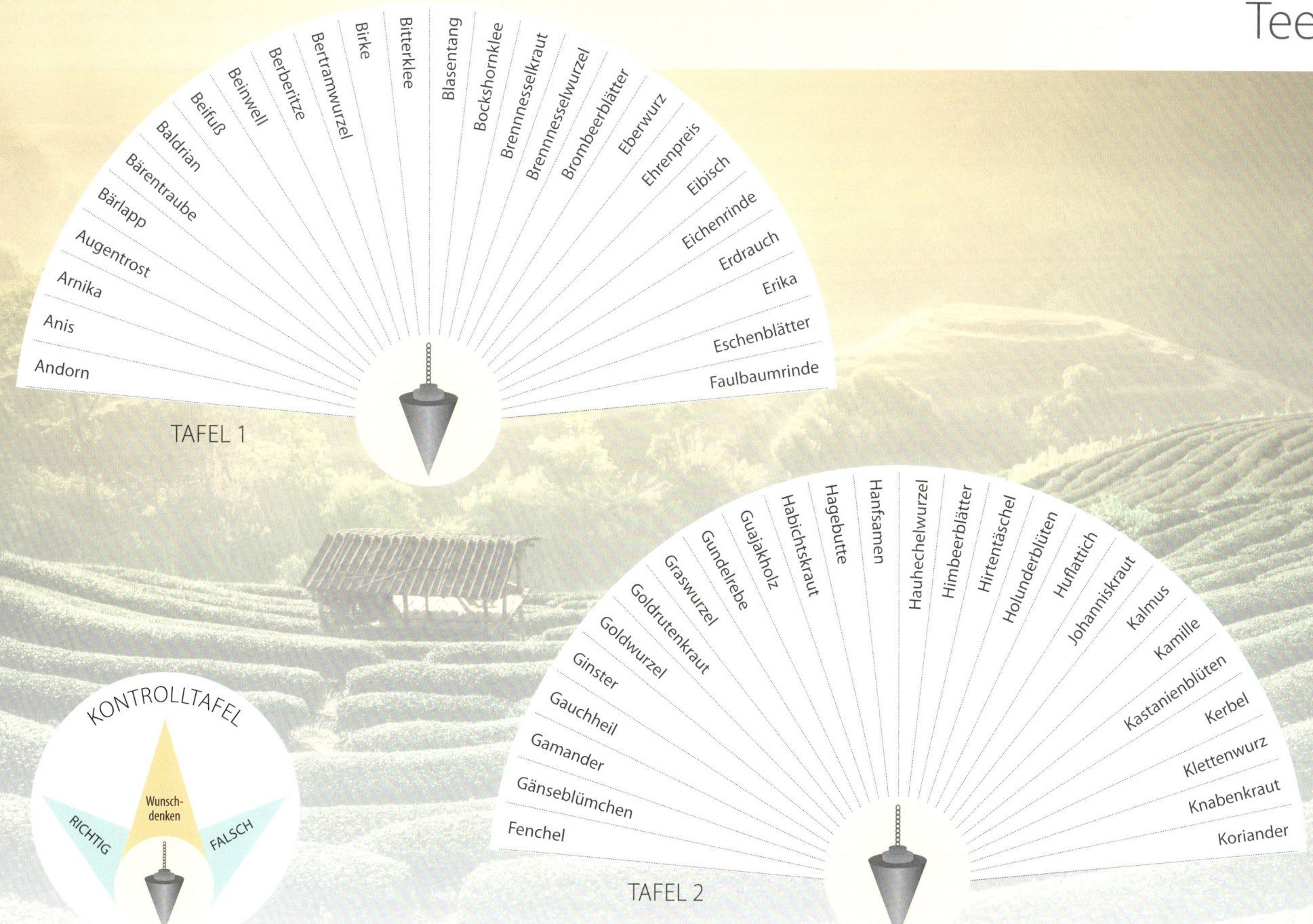

# Tee

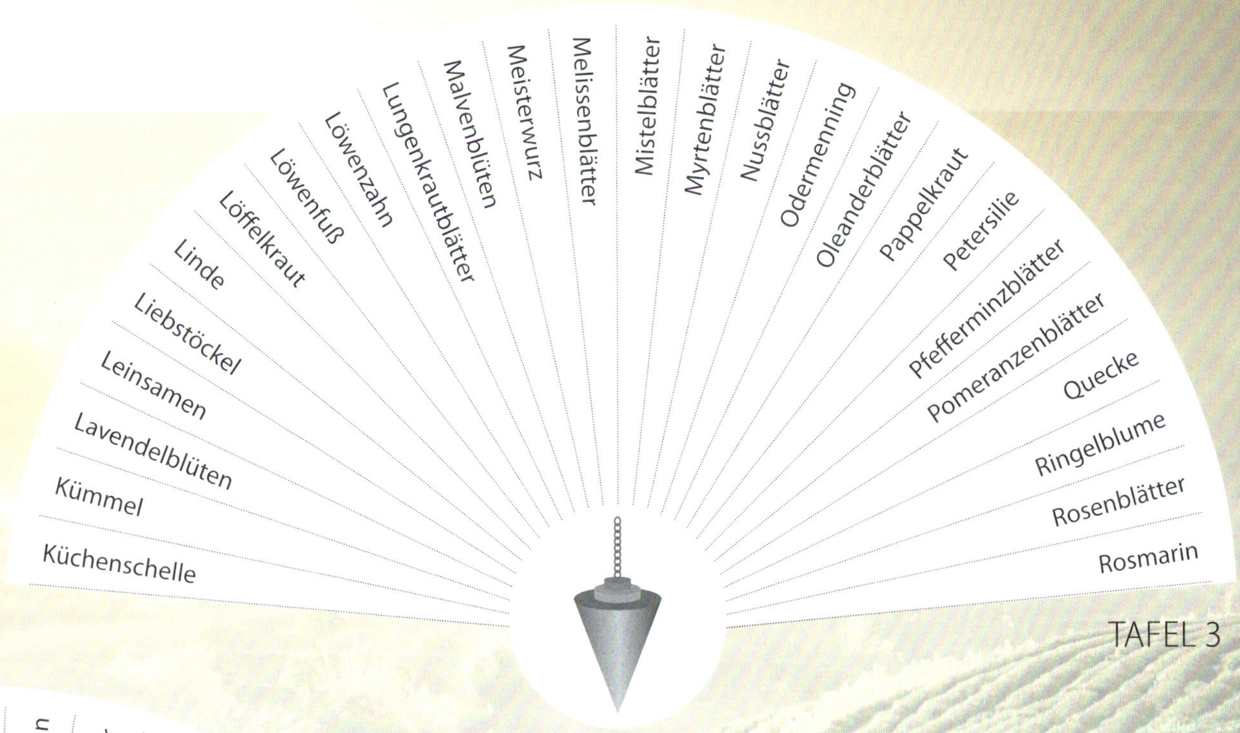

## TAFEL 3

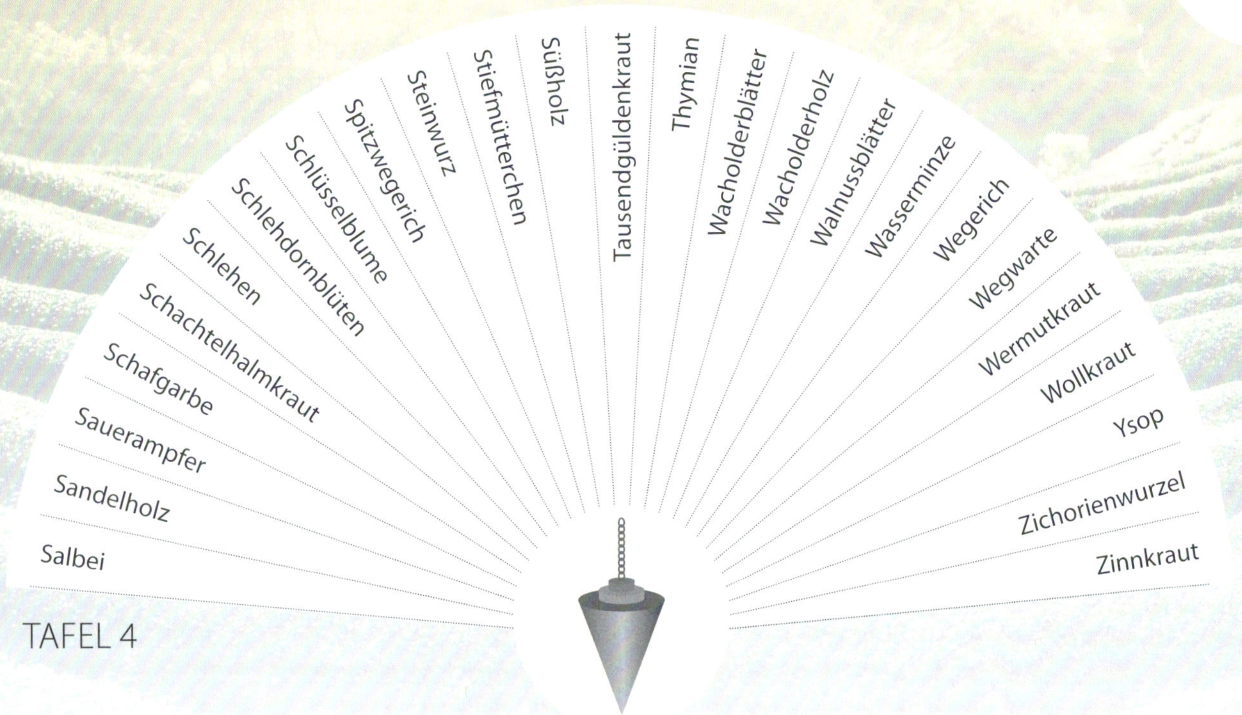

- Küchenschelle
- Kümmel
- Lavendelblüten
- Leinsamen
- Liebstöckel
- Linde
- Löffelkraut
- Löwenfuß
- Löwenzahn
- Lungenkrautblätter
- Malvenblüten
- Meisterwurz
- Melissenblätter
- Mistelblätter
- Myrtenblätter
- Nussblätter
- Odermenning
- Oleanderblätter
- Pappelkraut
- Petersilie
- Pfefferminzblätter
- Pomeranzenblätter
- Quecke
- Ringelblume
- Rosenblätter
- Rosmarin

## TAFEL 4

- Salbei
- Sandelholz
- Sauerampfer
- Schafgarbe
- Schachtelhalmkraut
- Schlehen
- Schlehdornblüten
- Schlüsselblume
- Spitzwegerich
- Steinwurz
- Stiefmütterchen
- Süßholz
- Tausendgüldenkraut
- Thymian
- Wacholderblätter
- Wacholderholz
- Walnussblätter
- Wasserminze
- Wegerich
- Wegwarte
- Wermutkraut
- Wollkraut
- Ysop
- Zichorienwurzel
- Zinnkraut

## KONTROLLTAFEL

RICHTIG — Wunschdenken — FALSCH

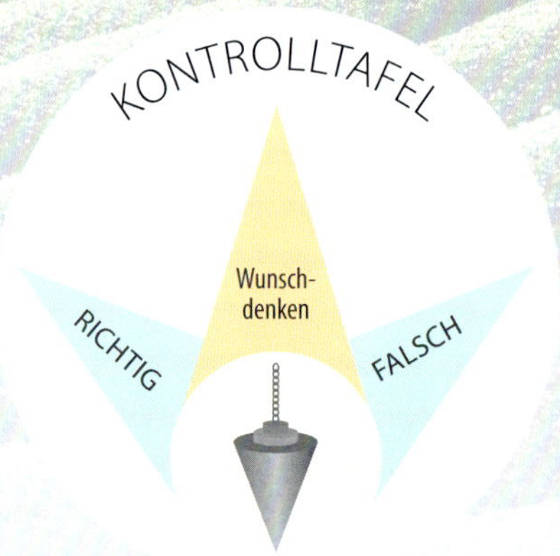

# Chinesische Heilkräuter und Pflanzen

Da die Anwendungen, Einnahmen oder Zubereitungen der einzelnen Heilkräuter so verschieden sind, können diese Pendelkarten nur zum Finden der richtigen Pflanze eingesetzt werden. Schauen Sie bitte im Einzelfall in einschlägiger Fachliteratur nach der richtigen Anwendung, zumal einige Pflanzen als giftig bzw. ungenießbar gelten.

Pendelkarte mit folgenden Begriffen (im Uhrzeigersinn): Aloe, Aron, Banane, Basilikum, Brunnenkresse, Chrysantheme, Dill, Erdnuss, Fenchel, Gartenbalsamie, Geißblatt, Gelbwurz, Ginseng, Hirtentäschel, Honig, Huflattich, Ingwer, Knoblauch, Koriander, Löwenzahn, Mais, Mandel, Minze, Mungobohne, Muskatnuss, Papaya, Paprika, Pfeffer, Rose, Rosmarin, Safran, Schneckenklee, Schwammgurke, Senf, Sesam, Sojabohne, Sonnenblume, Sternanis, Tagetes, Tamarinde, Tee, Thymian, Tofu, Walnuss, Wassermelone, Winterzwiebel, Ylang-Ylang, Zimtkastanie.

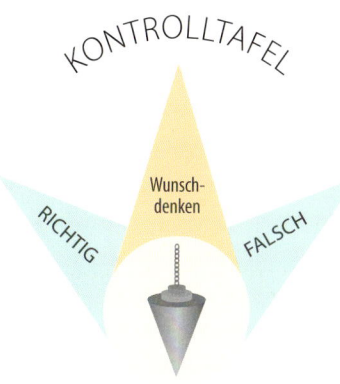

KONTROLLTAFEL — RICHTIG / Wunschdenken / FALSCH

# Europäische Heilkräuter

Da die Anwendungen, Einnahmen oder Zubereitungen der einzelnen Heilkräuter so verschieden sind, können diese Pendelkarten nur zum Finden der richtigen Pflanze eingesetzt werden. Schauen Sie bitte im Einzelfall in einschlägiger Fachliteratur nach der richtigen Anwendung, zumal einige Pflanzen als giftig bzw. ungenießbar gelten.

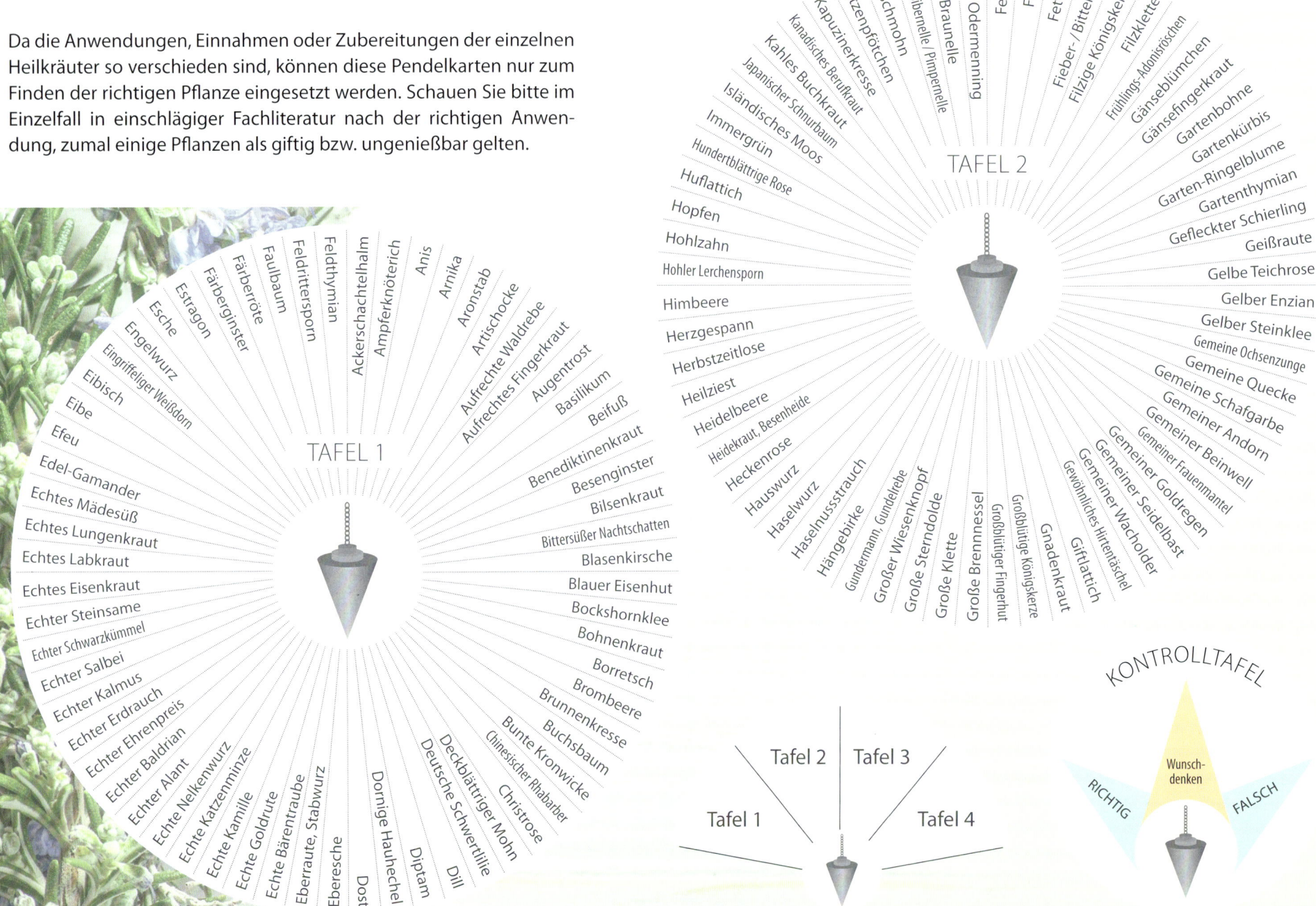

# Europäische Heilkräuter

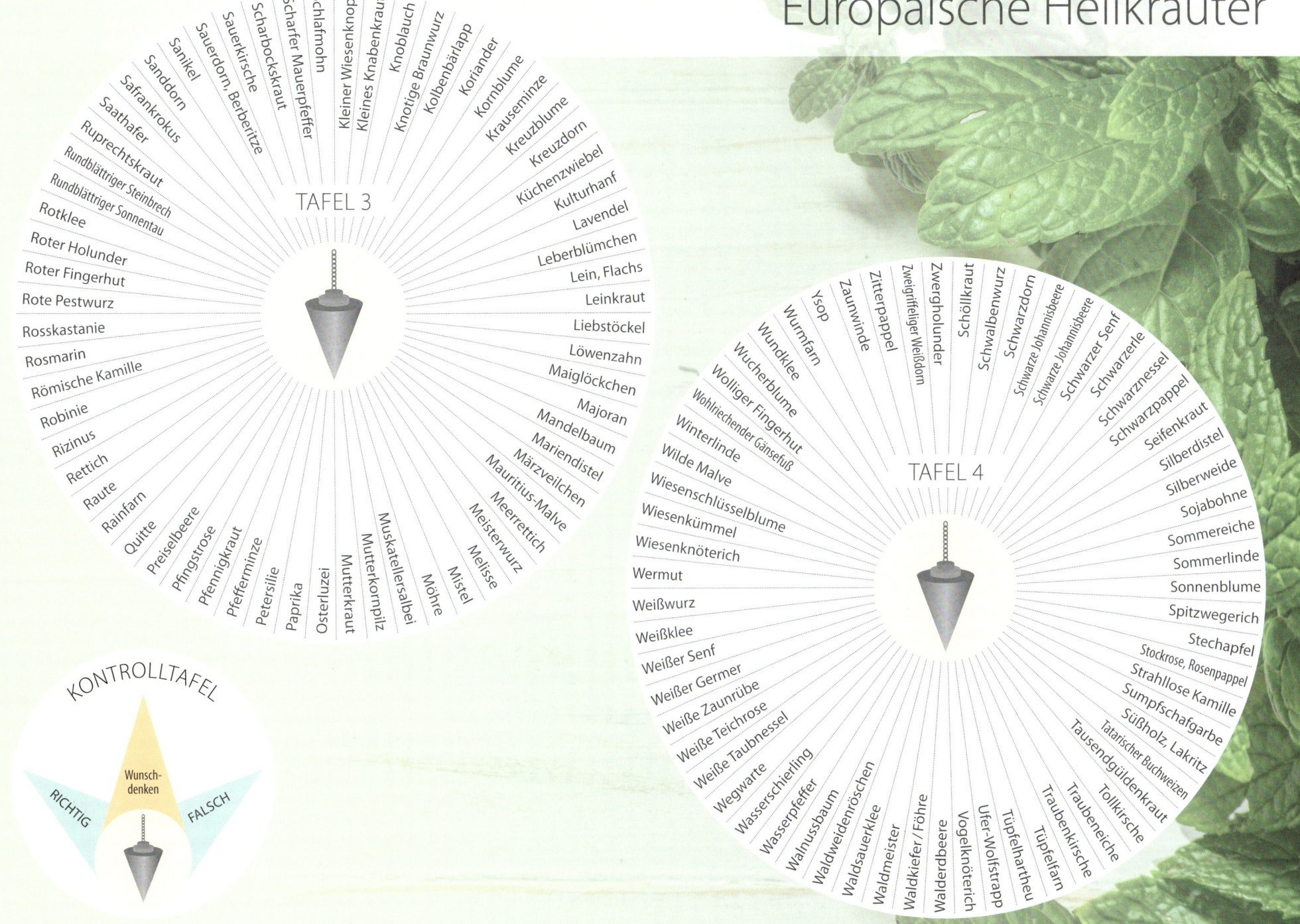

# Indianische Heilkräuter und Pflanzen

Da die Anwendungen, Einnahmen oder Zubereitungen der einzelnen Heilkräuter so verschieden sind, können diese Pendelkarten nur zum Finden der richtigen Pflanze eingesetzt werden. Schauen Sie bitte im Einzelfall in einschlägiger Fachliteratur nach der richtigen Anwendung, zumal einige Pflanzen als giftig bzw. ungenießbar gelten.

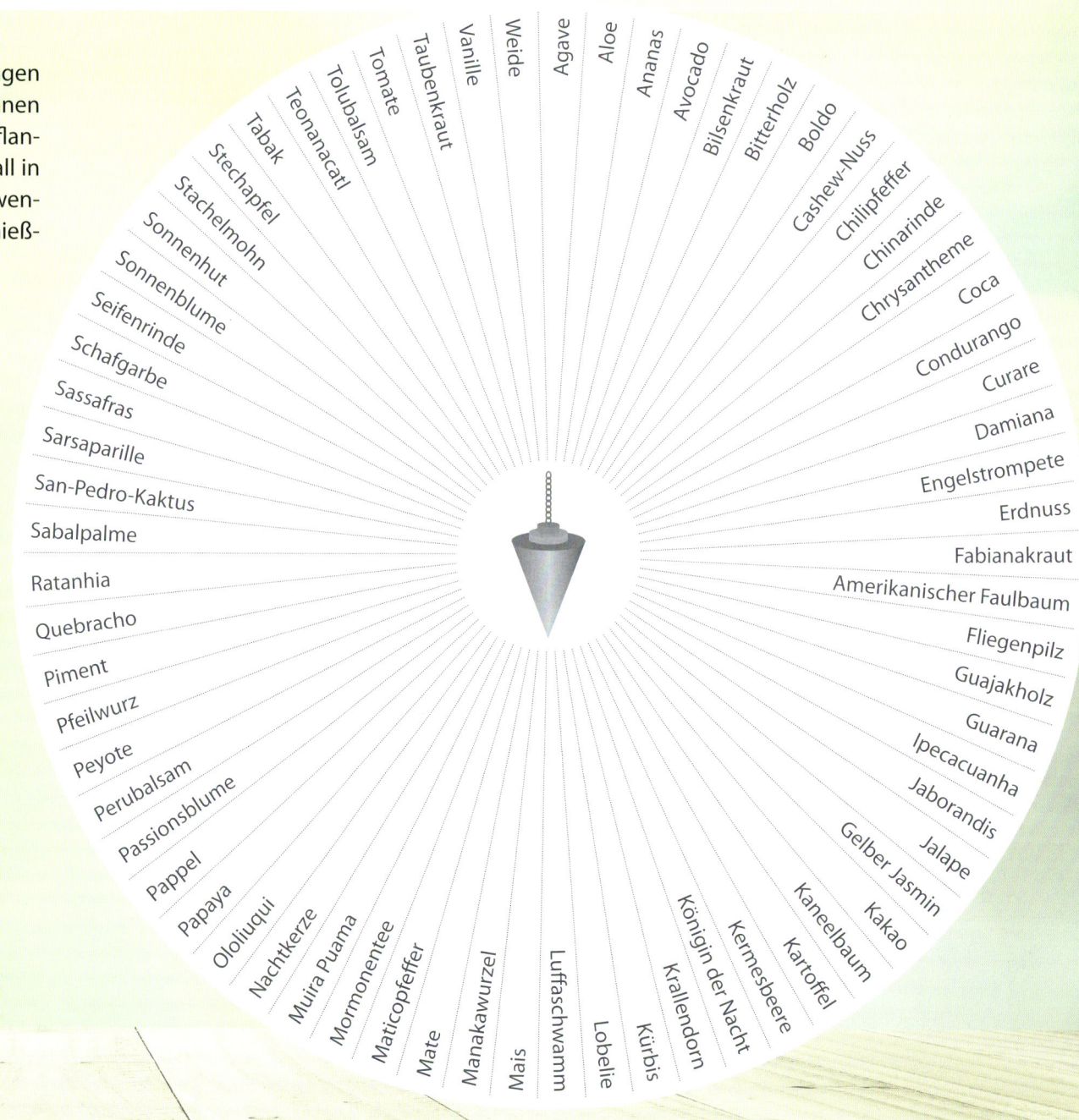

# Farben

Welche Farbe benötige ich für X? Fragen Sie nach, ob mehrere Farben benötigt werden.

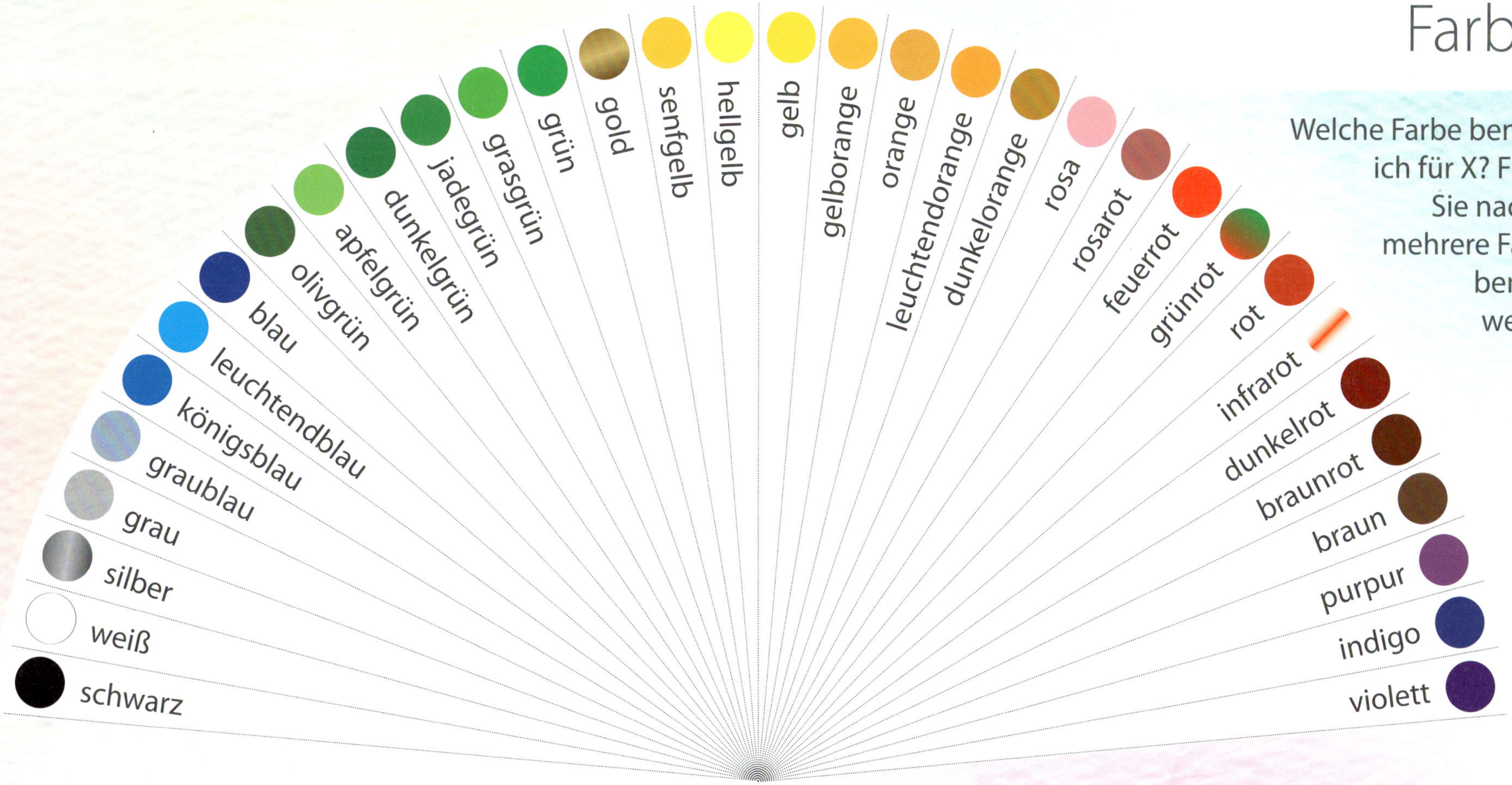

Farben (Fächer):
schwarz, weiß, silber, grau, graublau, königsblau, leuchtendblau, blau, olivgrün, apfelgrün, dunkelgrün, jadegrün, grasgrün, grün, gold, senfgelb, hellgelb, gelb, gelborange, orange, leuchtendorange, dunkelorange, rosa, rosarot, feuerrot, grünrot, rot, infrarot, dunkelrot, braunrot, braun, purpur, indigo, violett

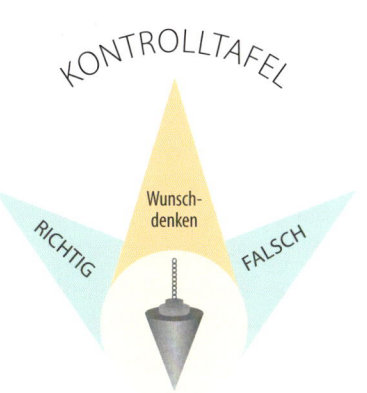

KONTROLLTAFEL

RICHTIG — Wunschdenken — FALSCH

Wie soll ich mit der Farbe arbeiten?

- Bestrahlung mit Licht
- über Edelsteine
- über Wohnraumgestaltung
- über Bekleidung
- mit farbigen Hautölen
- Visualisierung / Meditation
- Farbmandalas ausmalen
- über die Ernährung
- mit Prismen
- mit Pflanzen

# Edelsteine und Mineralien

## Welche Karte soll benutzt werden?

1, 2, 3, 4, 5, 6, 7, 8

## Reinigung bzw. Aktivierung von Edelsteinen

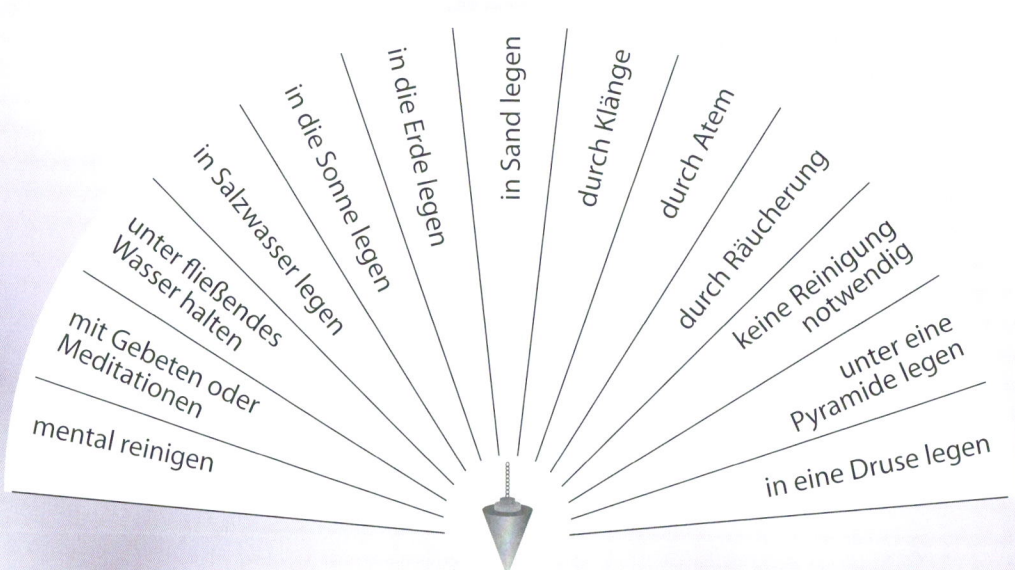

- mental reinigen
- mit Gebeten oder Meditationen
- unter fließendes Wasser halten
- in Salzwasser legen
- in die Sonne legen
- in die Erde legen
- in Sand legen
- durch Klänge
- durch Atem
- durch Räucherung
- keine Reinigung notwendig
- unter eine Pyramide legen
- in eine Druse legen

## Form der angewendeten Steine

- roh
- Naturspitze
- Kette/Splitter
- Kette/Kugel oder Ellipse
- Trommelstein
- Handschmeichler
- Ei oder Kugel
- Pyramide, Würfel oder Obelisk
- Anhänger (verschiedene Formen)
- Anhänger Donut
- Heilstab
- facettierter Stein
- Cabochon

**KONTROLLTAFEL**

RICHTIG — Wunschdenken — FALSCH

# Edelsteine und Mineralien

## Art der Anwendung von Edelsteinen

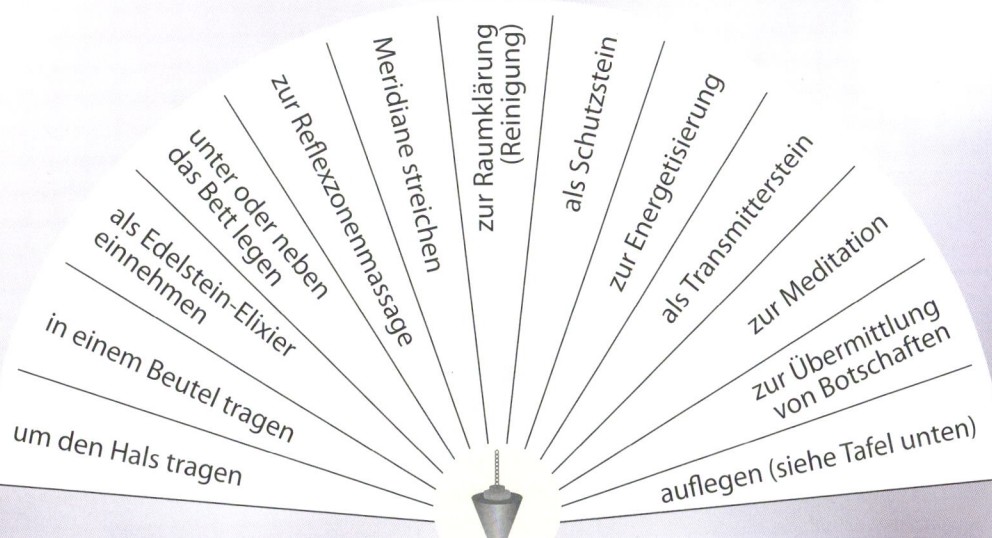

## Wie lange sollen die Edelsteine benutzt werden?

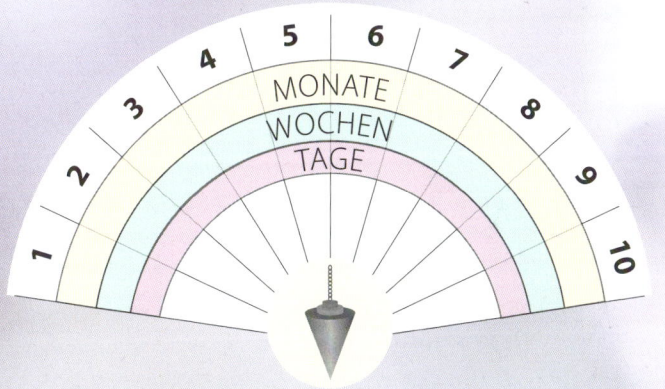

## Auf welchem Körperbereich sollen die Edelsteine liegen?

## Wie oft sollen die Edelsteine täglich benutzt werden?

# Edelsteine und Mineralien

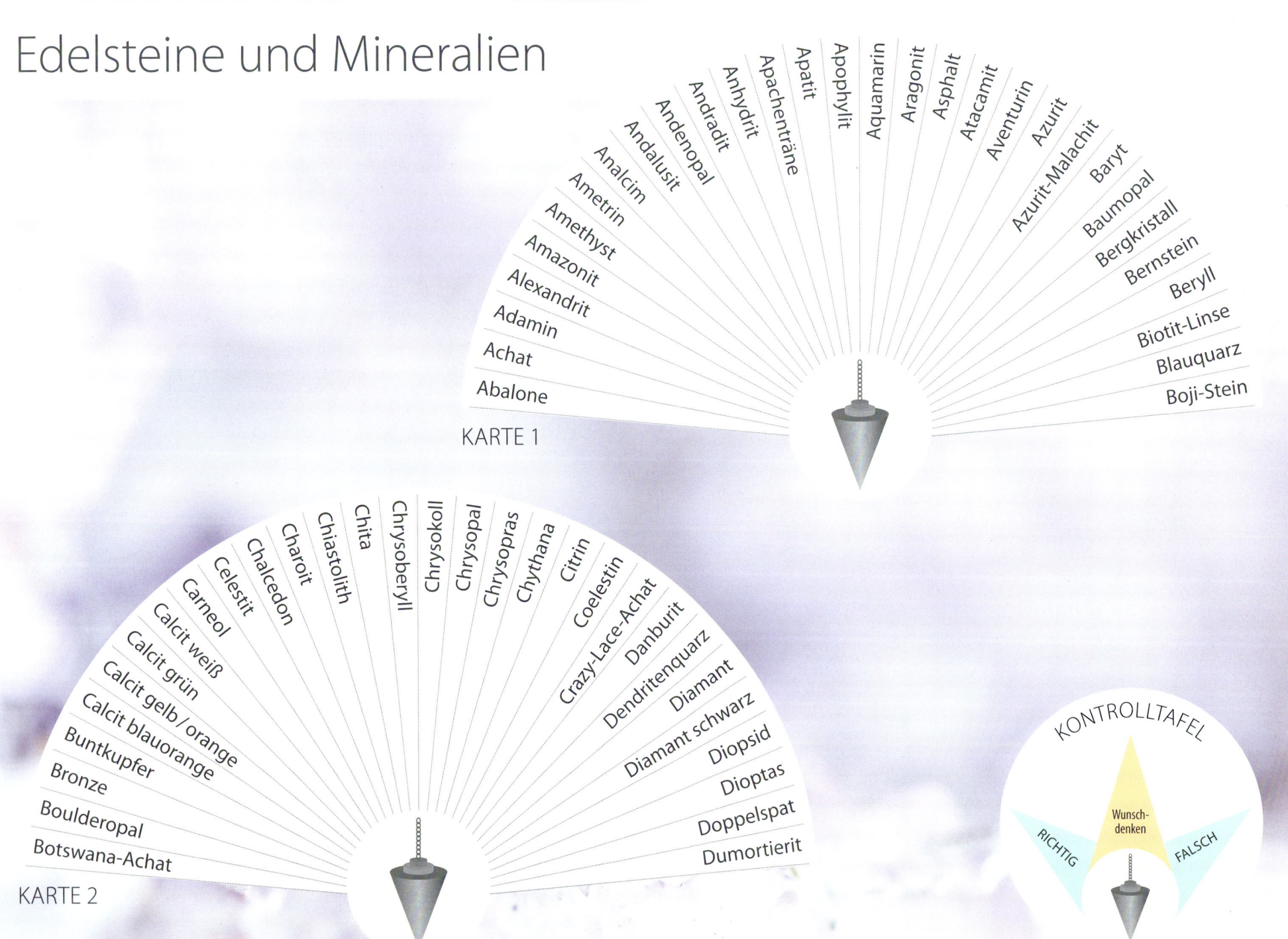

KARTE 1: Abalone, Achat, Adamin, Alexandrit, Amazonit, Amethyst, Ametrin, Analcim, Andalusit, Andenopal, Andradit, Anhydrit, Apachenträne, Apatit, Apophyllit, Aquamarin, Aragonit, Asphalt, Atacamit, Aventurin, Azurit, Azurit-Malachit, Baryt, Baumopal, Bergkristall, Bernstein, Beryll, Biotit-Linse, Blauquarz, Boji-Stein

KARTE 2: Botswana-Achat, Boulderopal, Bronze, Buntkupfer, Calcit blauorange, Calcit gelb/orange, Calcit grün, Calcit weiß, Carneol, Celestit, Chalcedon, Charoit, Chiastolith, Chita, Chrysokoll, Chrysoberyll, Chrysopal, Chrysopras, Chythana, Citrin, Coelestin, Crazy-Lace-Achat, Danburit, Dendritenquarz, Diamant, Diamant schwarz, Diopsid, Dioptas, Doppelspat, Dumortierit

KONTROLLTAFEL: RICHTIG, Wunschdenken, FALSCH

# Edelsteine und Mineralien

KARTE 3

Karte 3 (left fan, reading around):
Durangit, Edelopal, Eisenmeteorit, Eisenpyrit, Elfenbein, Eliatstein, Epidot, Falkenauge, Feuerachat, Feueropal, Flint-Feuerstein, Fluorit, Gagat, Galenit, Gips-Kristall, Girasolquarz, Glas, Glimmer, Gold, Goldberyll, Goldfluss, Goldtopas, Granat, Granat schwarz / Melanit, Grant gelb / Hessonit, Granat grün / Uwarowit, Graphit, Grossular, Grünquarz, Hämatit

KARTE 4

Karte 4 (right fan, reading around):
Hauyn, Heliodor, Heliotrop, Herderit, Herkimer-Diamant, Howlith, Hyazinth, Idokras, Iolith, Jade, Jadeit, Jaspis braun, Jaspis gelb, Jaspis grün, Jaspis rot, Katzenauge, Kohle, Koralle gold, Koralle rosa, Koralle rot, Koralle schwarz, Koralle weiß, Kunzit grün, Kunzit rot, Kupfer, Labradorit, Lapislazuli, Larimar, Lavendelquarz, Lazulith

KONTROLLTAFEL — RICHTIG / Wunschdenken / FALSCH

67

# Edelsteine und Mineralien

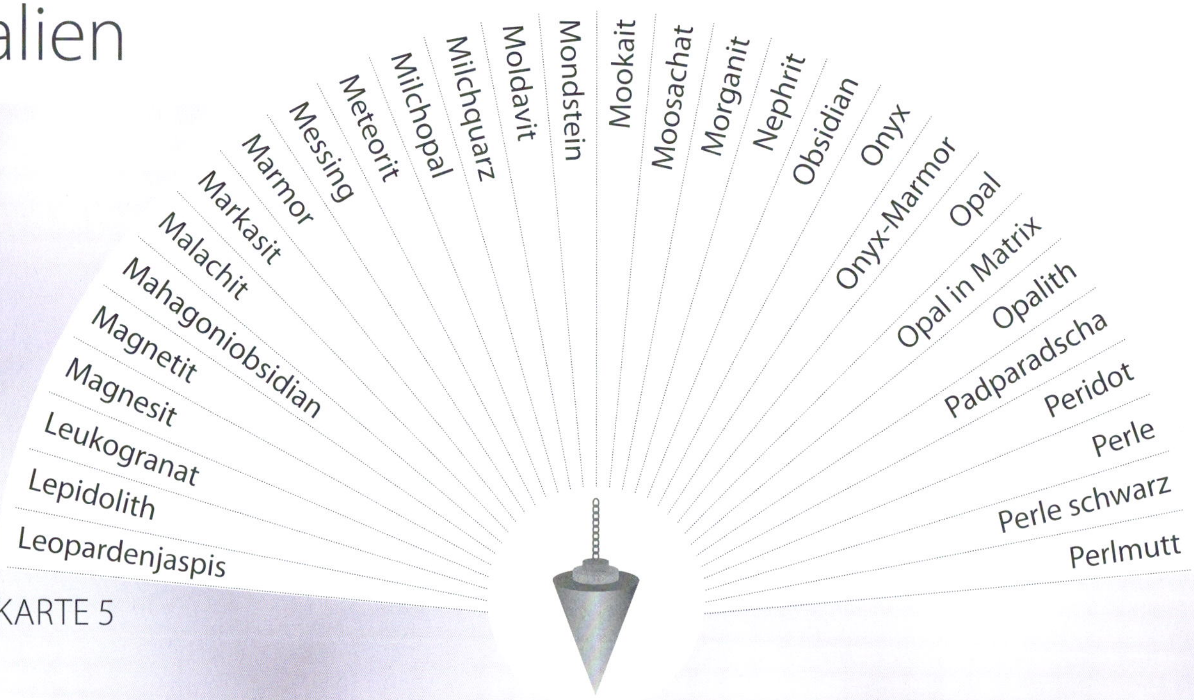

## KARTE 5

- Leopardenjaspis
- Lepidolith
- Leukogranat
- Magnesit
- Magnetit
- Mahagoniobsidian
- Malachit
- Markasit
- Marmor
- Messing
- Meteorit
- Milchopal
- Milchquarz
- Moldavit
- Mondstein
- Mookait
- Moosachat
- Morganit
- Nephrit
- Obsidian
- Onyx
- Onyx-Marmor
- Opal
- Opal in Matrix
- Opalith
- Padparadscha
- Peridot
- Perle
- Perle schwarz
- Perlmutt

## KARTE 6

- Phantomquarz
- Platin
- Prasmen
- Prehnit
- Purpurit
- Pyrit
- Pyrit-Achat
- Pyrit-Sonne
- Rauchquarz
- Regenbogenfluorit
- Regenbogenobsidian
- Regenbogenturmalin
- Rhodochrosit
- Rhodonit
- Rosenquarz
- Rotes Tigerauge
- Rotnickelkies
- Rubellit
- Rubin
- Rubin-Zoisit
- Rutilquarz
- Ryolith
- Sandrose
- Saphir
- Sarder
- Sardonyx
- Schneckenachat
- Schneeflockenepidot
- Schneeflockenobsidian
- schwarze Jade

## KONTROLLTAFEL

RICHTIG — Wunschdenken — FALSCH

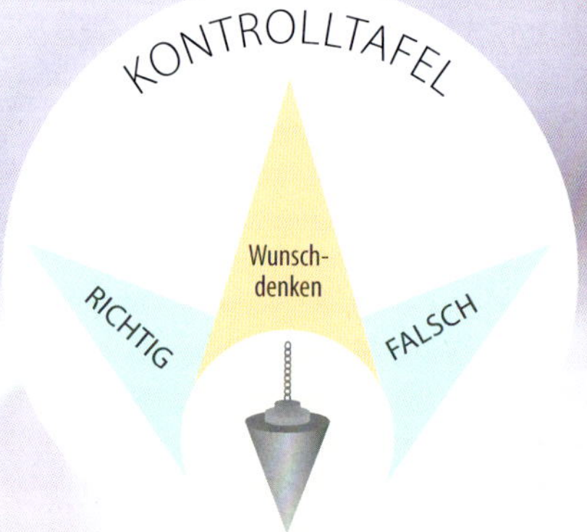

# Edelsteine und Mineralien

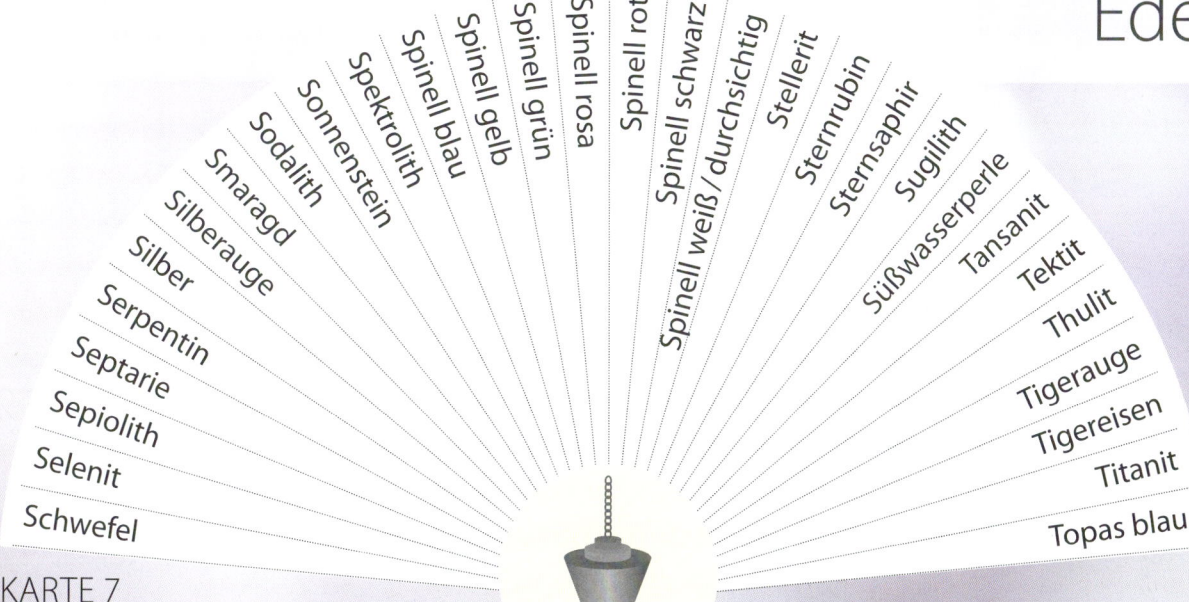

KARTE 7

Schwefel, Selenit, Sepiolith, Septarie, Serpentin, Silber, Silberauge, Smaragd, Sodalith, Sonnenstein, Spektrolith, Spinell blau, Spinell gelb, Spinell grün, Spinell rosa, Spinell rot, Spinell schwarz, Spinell weiß / durchsichtig, Stellerit, Sternrubin, Sternsaphir, Sugilith, Süßwasserperle, Tansanit, Tektit, Thulit, Tigerauge, Tigereisen, Titanit, Topas blau

KARTE 8

Topas rosa, Türkis, Turmalin blau, Turmalin braun, Turmalin gelb, Turmalin grün, Turmalin rosa, Turmalin rot, Turmalin schwarz, Turmalinquarz, Ulexit, Vandanit, Verdit, Versteinertes Holz, Vesuvian, Vivianit, Wasserachat, Wassermelonenturmalin, Wasseropal, weißer Achat, Wulfenit, Zinkblende, Zinnober, Zinnstein, Zirkon, Zitronenchrysopras, Zoisit

KONTROLLTAFEL — RICHTIG / Wunschdenken / FALSCH

# Meditationstechniken

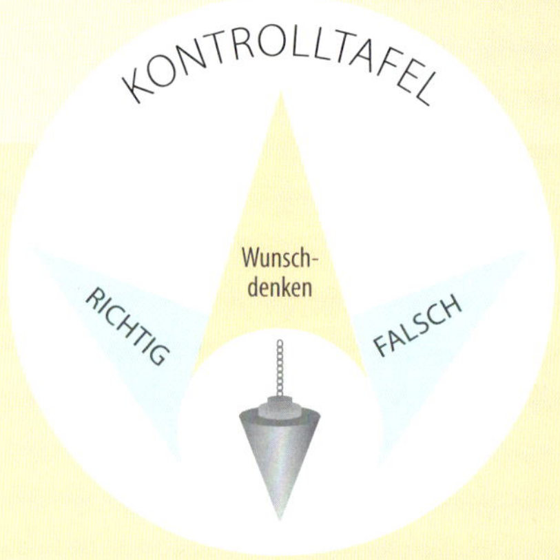

KONTROLLTAFEL
RICHTIG — Wunschdenken — FALSCH

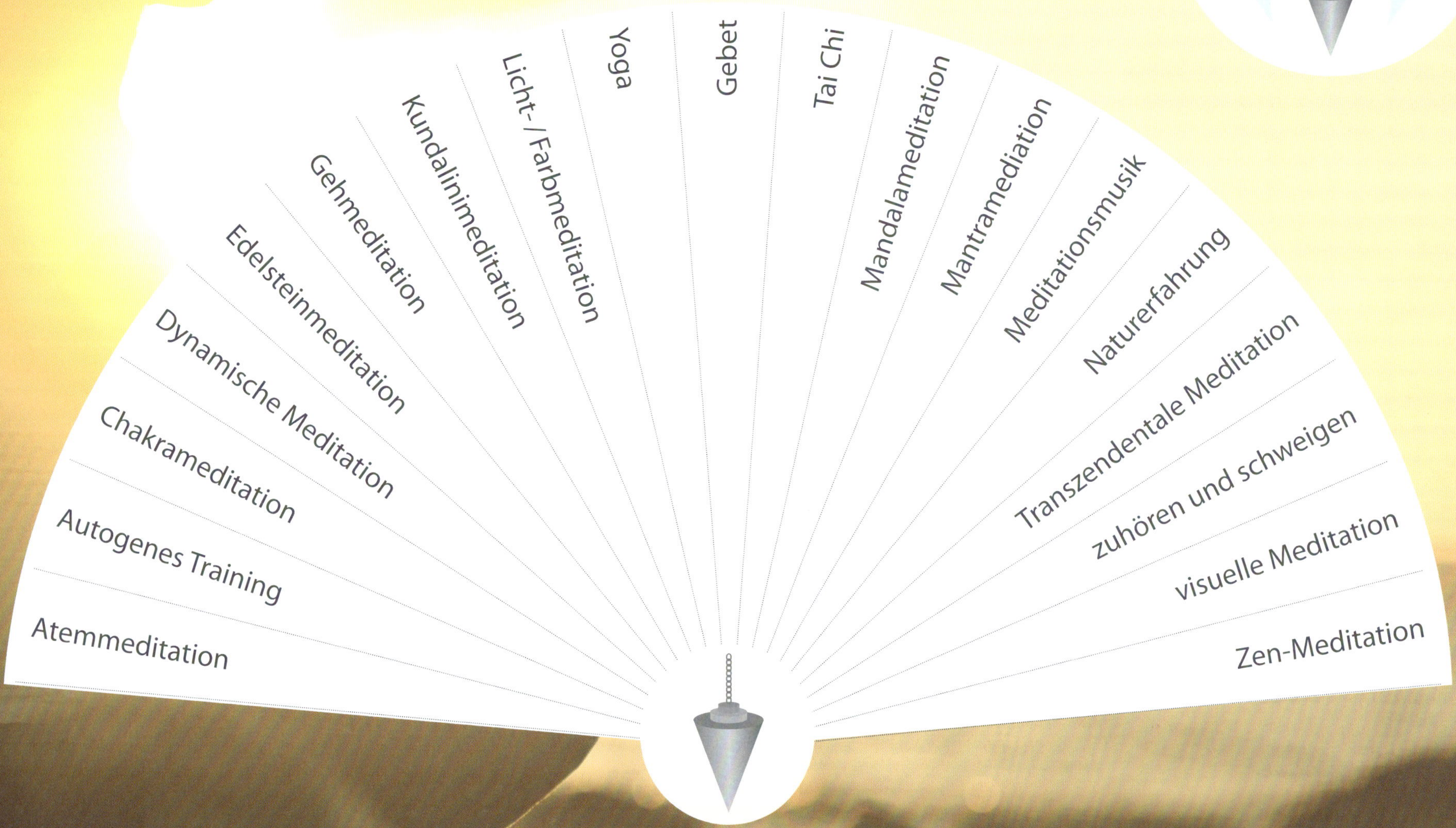

- Atemmeditation
- Autogenes Training
- Chakrameditation
- Dynamische Meditation
- Edelsteinmeditation
- Gehmeditation
- Kundalinimeditation
- Licht- / Farbmeditation
- Yoga
- Gebet
- Tai Chi
- Mandalameditation
- Mantrameditation
- Meditationsmusik
- Naturerfahrung
- Transzendentale Meditation
- zuhören und schweigen
- visuelle Meditation
- Zen-Meditation

# Reinkarnation

Erpendeln Sie anhand der Tafeln das genaue Datum der Inkarnation. Beginnen Sie beim Jahrtausend, und grenzen Sie das Datum dann immer weiter ein. Legen Sie vorher fest, ob Sie Geburts- oder Todestag feststellen wollen.

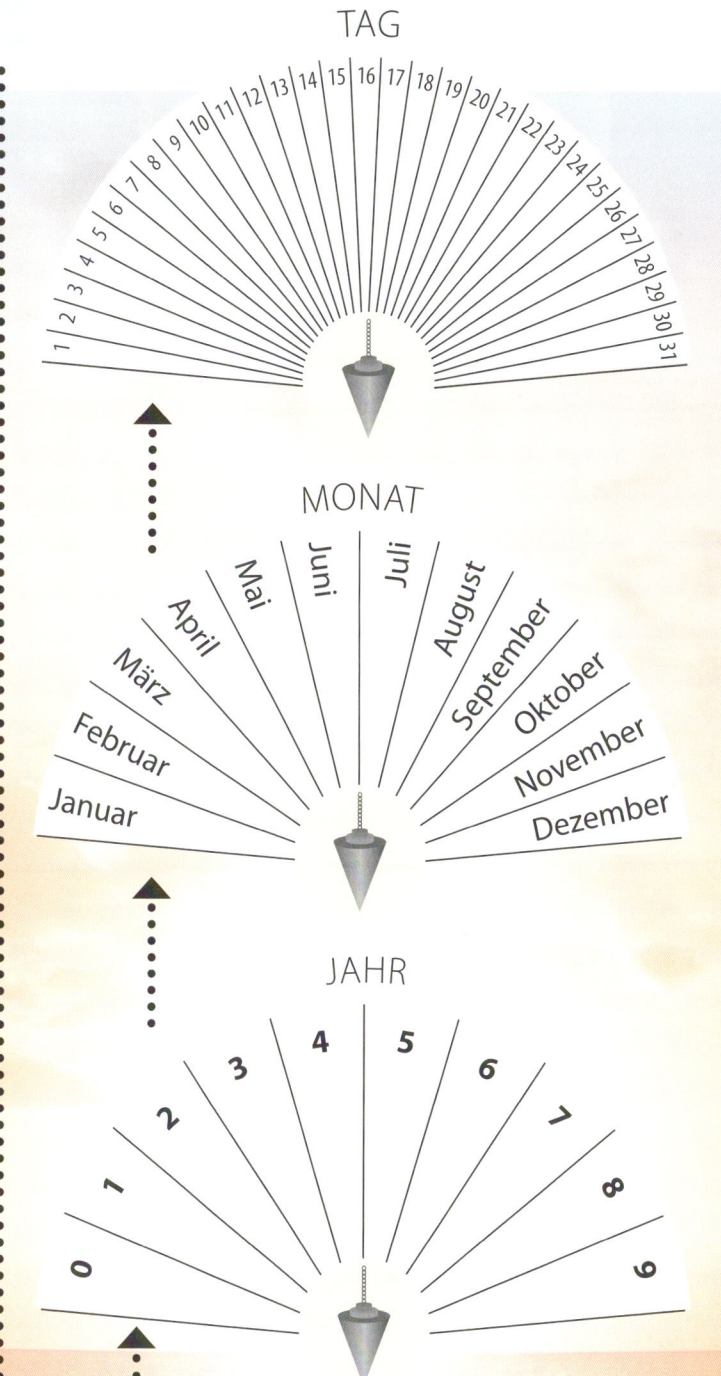

# Reinkarnation

Erpendeln Sie anhand der Tafeln, welche Inkarnation in der Vergangenheit oder in der Zukunft wichtig ist.

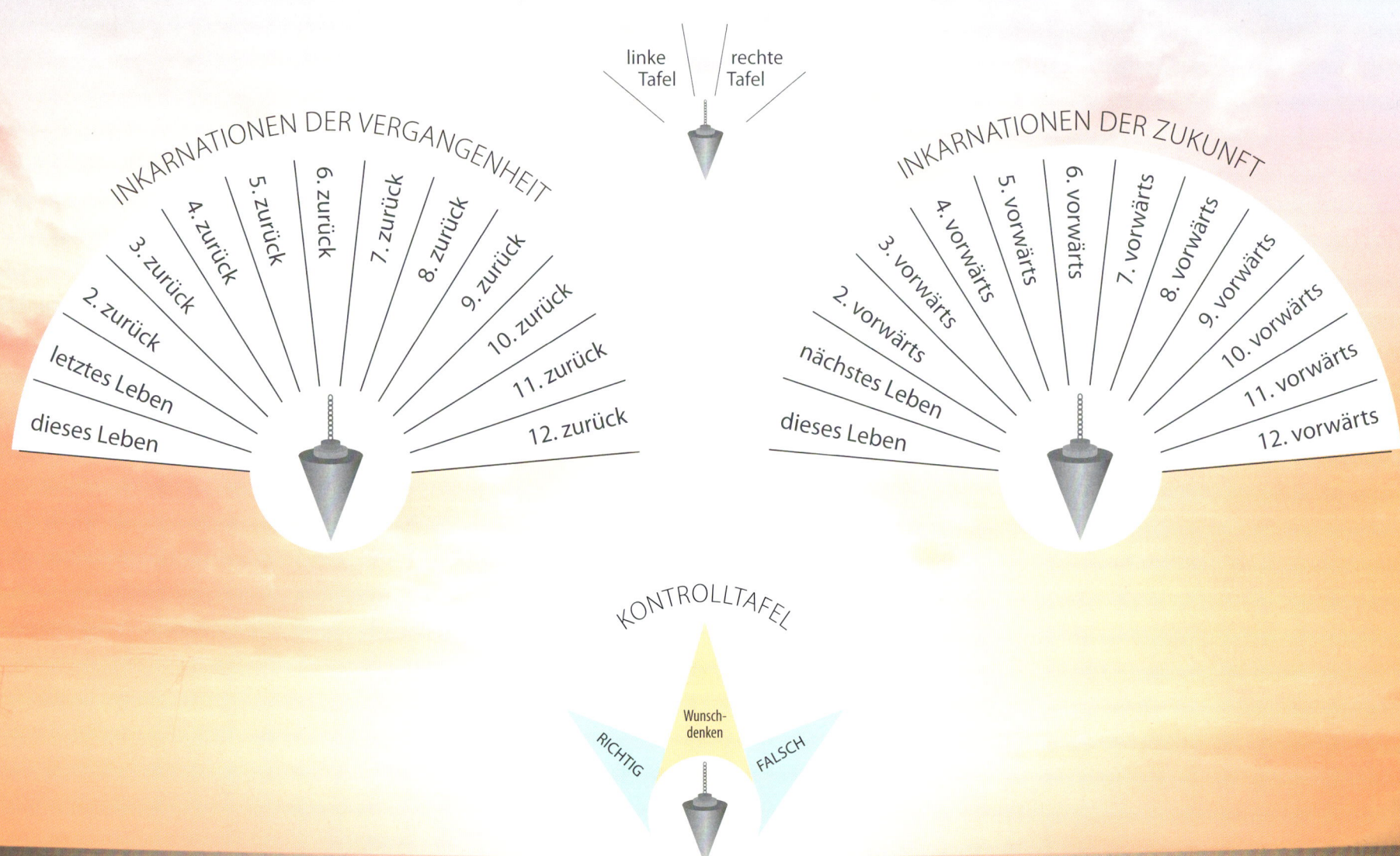

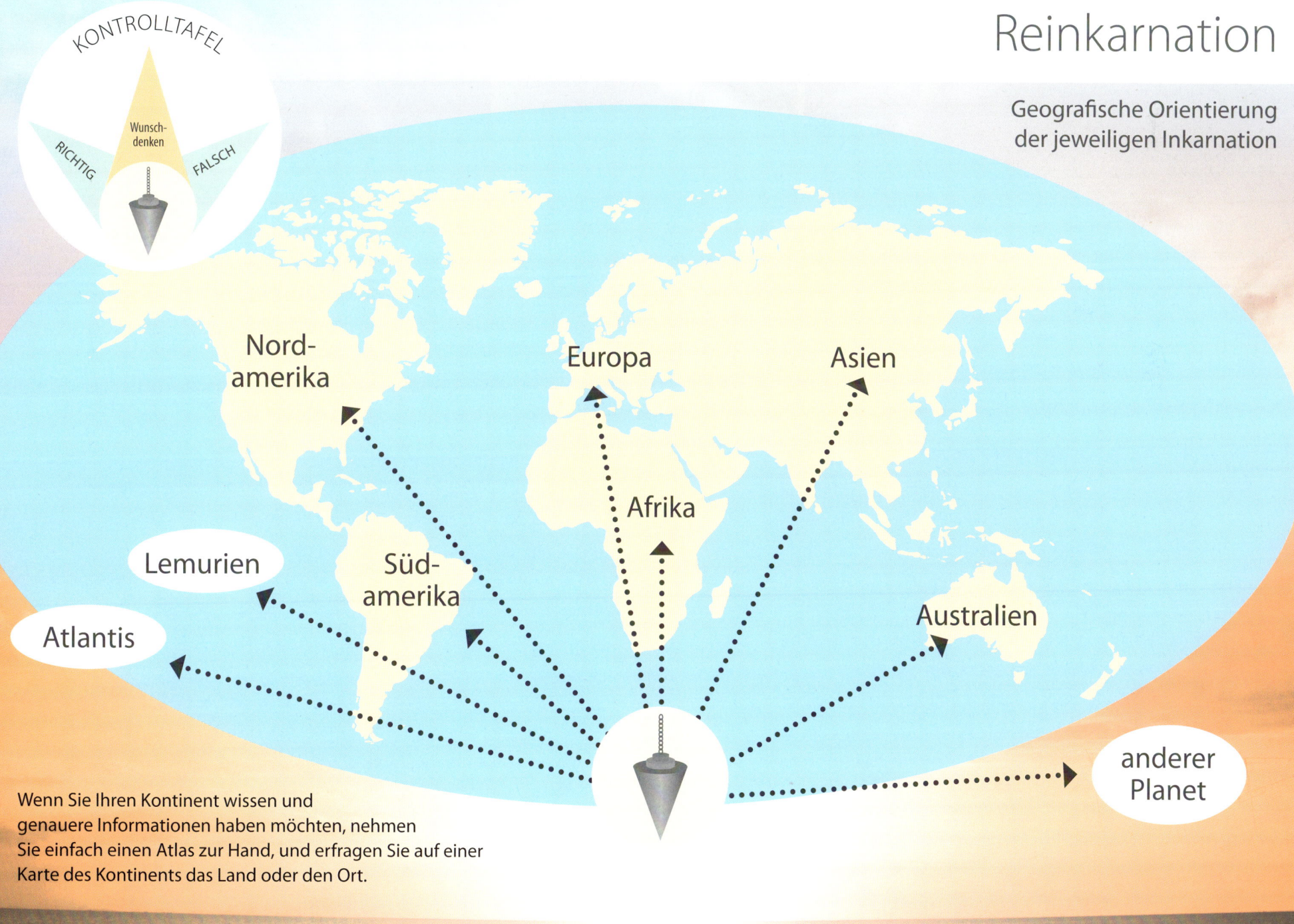

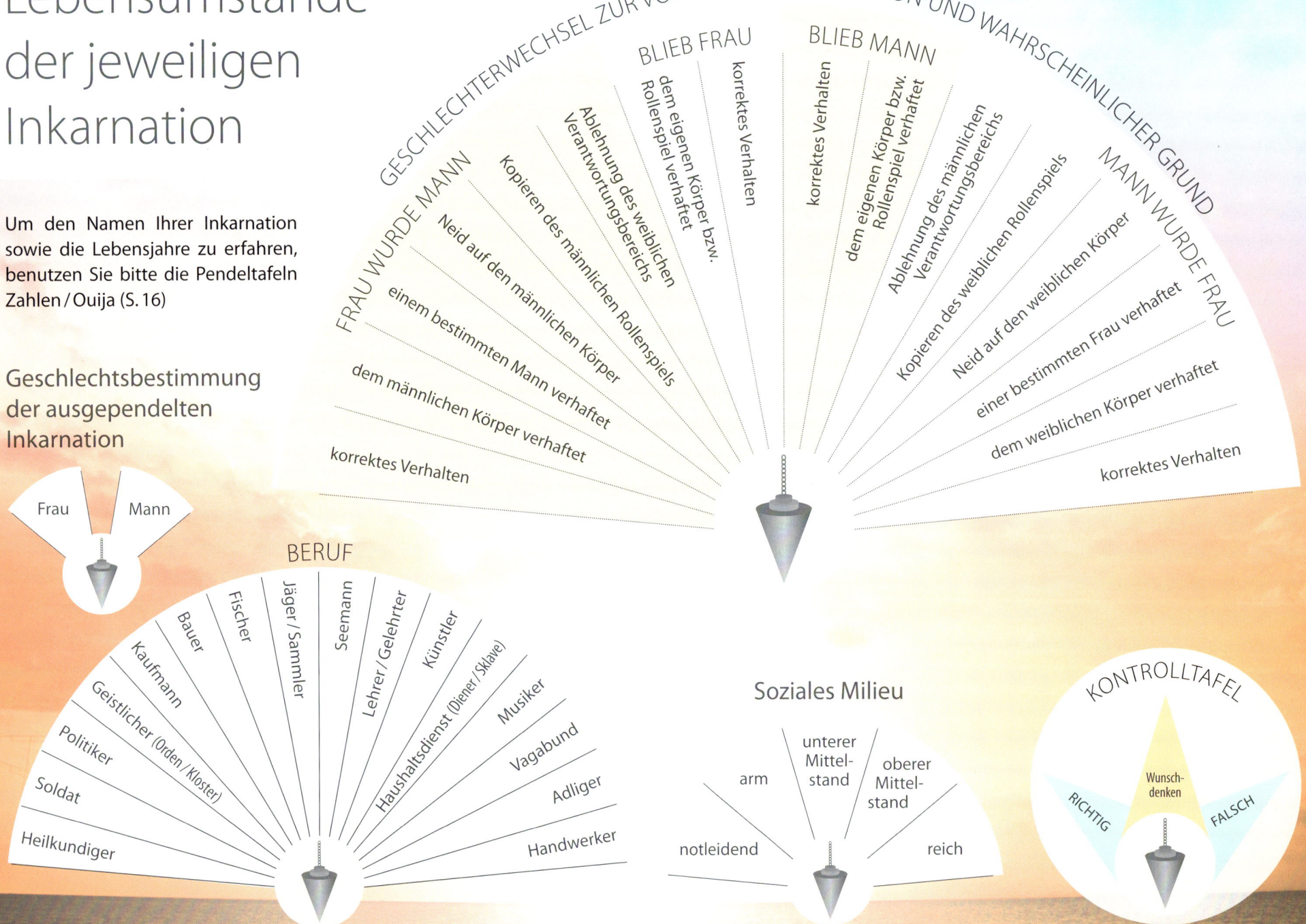

# Inkarnation

## LEBENSAUFGABEN DER JEWEILIGEN INKARNATION

- Heilauftrag
- Geistige Entwicklung / Weisheit
- Künstlerische Entwicklung
- dichterische Entwicklung
- musikalische Entwicklung
- Erfinderauftrag
- hohe Mission
- höhere Berufung
- Abtragung von Karma
- Hilfsauftrag
- keine besondere Aufgabe
- Herzensbildung
- Wahrhaftigkeit erlernen
- Glaubensaufgabe
- Entwicklung des Gerechtigkeitssinns
- alte Aufgaben beenden

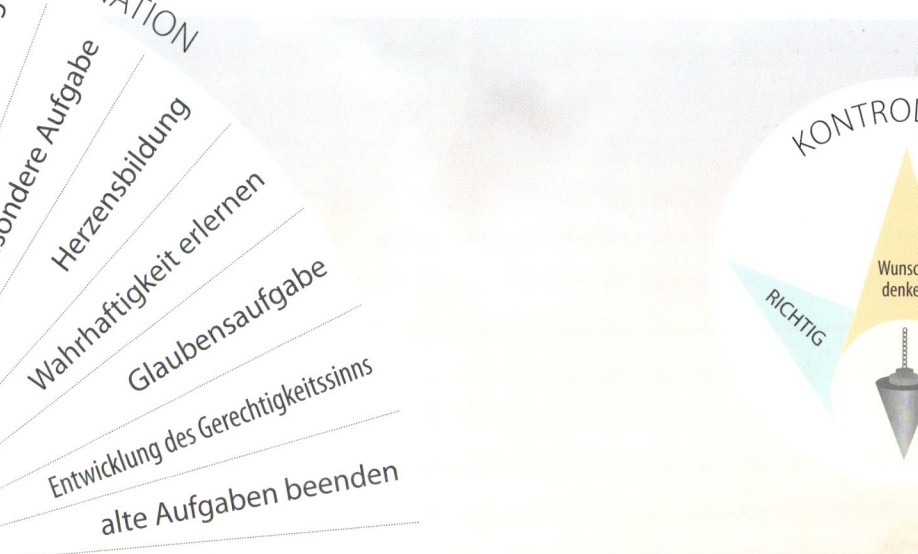

KONTROLLTAFEL

RICHTIG — Wunschdenken — FALSCH

## TODESUMSTÄNDE DER JEWEILIGEN INKARNATION

- normales Lebensende (Altersschwäche)
- Krankheit
- Epidemie / Seuche
- Unfall / Verletzung
- Krieg
- Mord
- Folter / Gefangenschaft
- Hunger
- Ertrinken
- Suchtmittel
- Vergiftung
- Selbstmord
- Inquisition
- Umweltkatastrophe

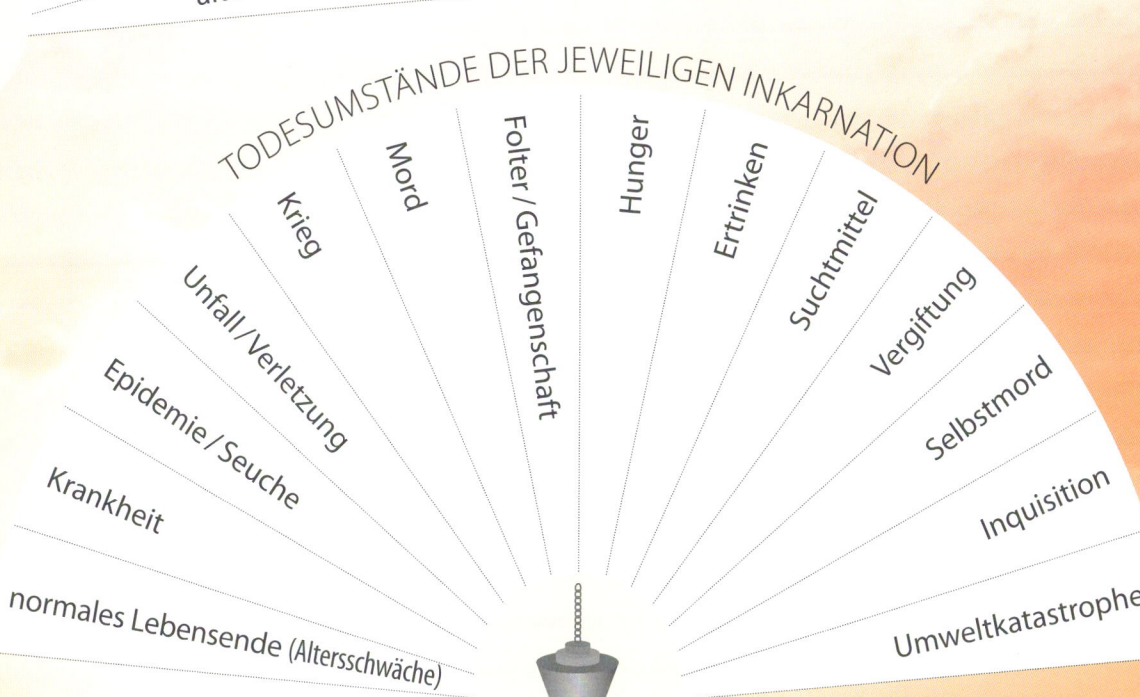

Um festzustellen, an welchen Körperorganen Verletzungen oder Verwundungen tödlich waren, benutzen Sie bitte die Organkarte auf S. 39.

# Partner-Inkarnation

Erfragen Sie zuerst, ob die Person, über die Sie mehr erfahren wollen, mit Ihnen eine »karmische Beziehung« hat. Wenn ja, erfragen Sie, ob die Verbindung über mehrere Inkarnationen hinweg anhält.

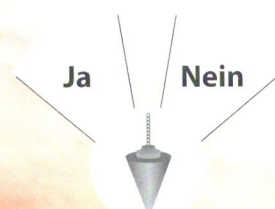

Welche Partner-Verbindung bestand in der letzten Inkarnation? (Erpendeln Sie in den ersten Reinkarnationskarten, in welchem Leben und wann Sie der Person begegnet sind.)

- Geliebte/-r
- Mutter
- Vater
- Tochter
- Sohn
- Schwester
- Bruder
- Onkel
- Tante
- Nichte
- Neffe
- Cousine
- Cousin
- entfernt verwandt
- Freundin
- Freund
- Bekannte
- Bekannter
- einmalige Begegnung
- Ehepartner

Welche Gefühlsverbindung bestand mit dem karmischen Partner?

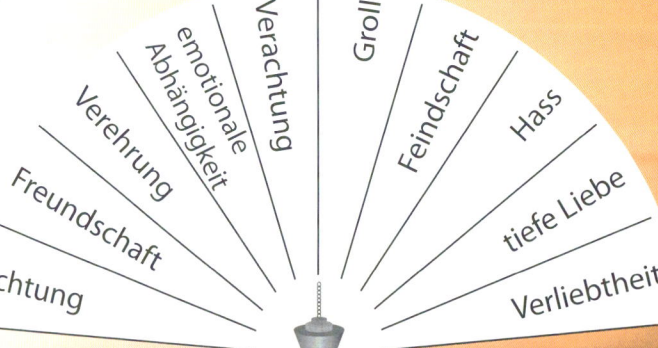

- Achtung
- Freundschaft
- Verehrung
- emotionale Abhängigkeit
- Verachtung
- Groll
- Feindschaft
- Hass
- tiefe Liebe
- Verliebtheit

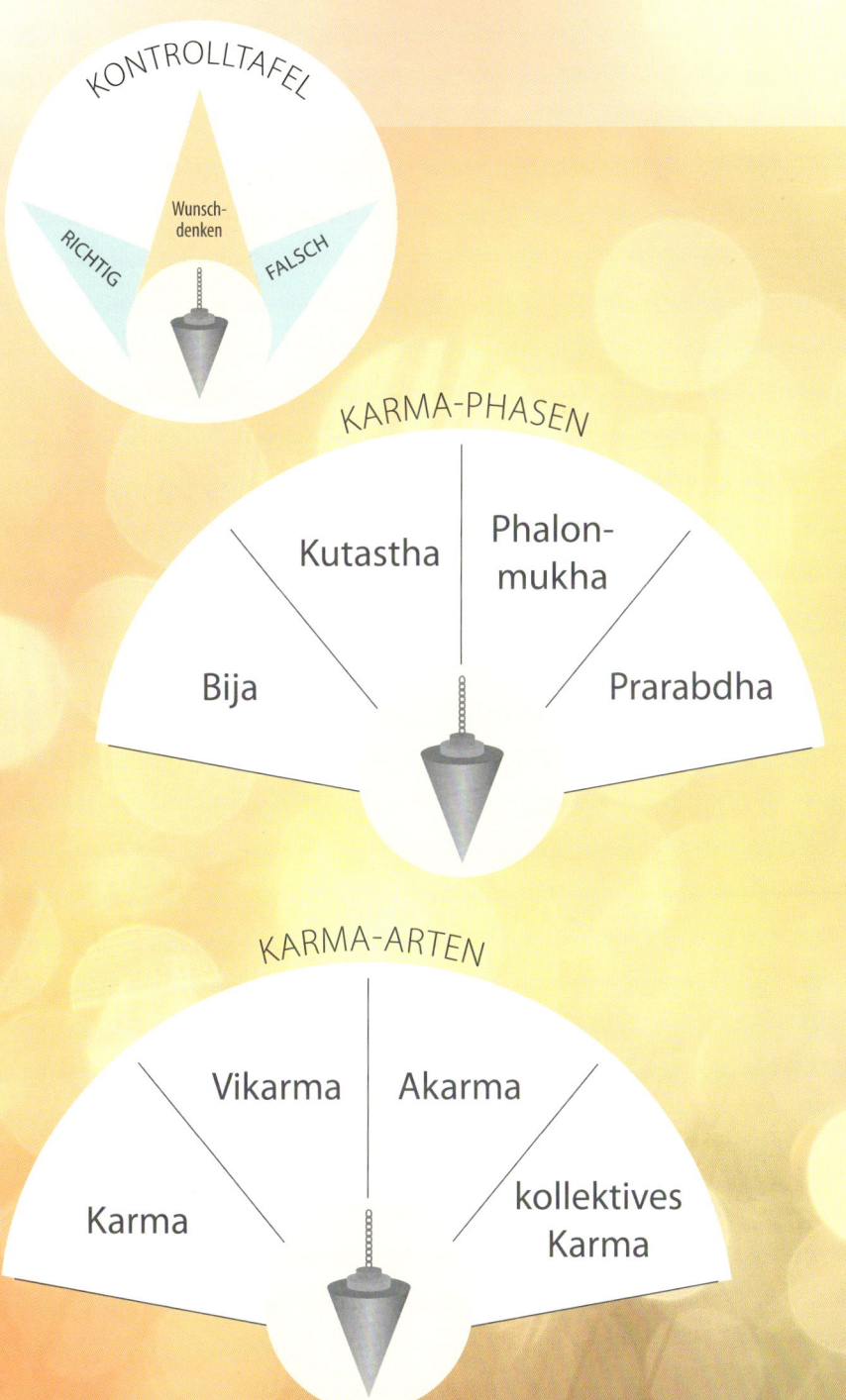

# Die höheren Karma-Gesetze

## Die vier Phasen des Karma

Warum bin ich, wie ich bin? Warum geschieht mir dies oder das? Warum muss ich unter diesen Umständen leben und nicht anders? Nach der indischen Philosophie manifestieren sich alle karmischen Reaktionen in vier verschiedenen Phasen:

**1. Phase (Bija = der Samen):**
Handlungen und Vorhaben existieren in der Wunschphase nur im feinstofflichen Bereich.
»*Säe einen Gedanken,
und du wirst eine Tat ernten.*«

**2. Phase (Kutastha = der bewusste Entschluss):**
Der Wunsch wird zur Tat – karmische Kettenreaktionen können ausgelöst werden.
»*Säe eine Tat,
und du wirst eine Gewohnheit ernten.*«

**3. Phase (Phalonmukha = das Früchtetragen):**
Die materiellen Handlungen, ob gut oder schlecht, tragen Früchte. Die karmische Reaktion zeigt sich in Form von Glück oder Leid.
»*Säe eine Gewohnheit,
und du wirst einen Charakter ernten.*«

**4. Phase (Prarabdha = die Ernte):**
Die karmische Reaktion ist im gegenwärtigen Leben eingetroffen oder mitgegeben worden.
»*Säe einen Charakter,
und du wirst ein Schicksal ernten.*«

## Die Arten des Karma

**KARMA**
Handeln im Einklang mit den Naturgesetzen
= gute karmische Reaktion (materielles Glück)

**VIKARMA**
Handeln gegen die Naturgesetze = schlechte karmische Reaktion (Leid)

**AKARMA**
Transzendentales Handeln außerhalb der Karma-Gesetze
= keine karmische Reaktion (Befreiung)

**KOLLEKTIVES KARMA**
Handeln mit der Masse
= schlechte karmische Reaktion (Leid)

# Typologie des Enneagramms

Welcher ist mein wahrer Typus?

**9** Friede, Ruhe, Fairness

**1** Idealismus, Wahrheit, Gerechtigkeit

**2** Hilfsbereitschaft, Wohlergehen, Erziehung

**3** Erfolg, Kompetenz, Effizienz

**4** Schönheit, Harmonie, Kunst

**5** Ideen, Forschen, Wissen

**6** Kooperation, Zuverlässigkeit, Sicherheit

**7** Optimismus, Freude, Idealismus

**8** Stärke, Wahrheit, Offenheit

KONTROLLTAFEL — RICHTIG / Wunschdenken / FALSCH

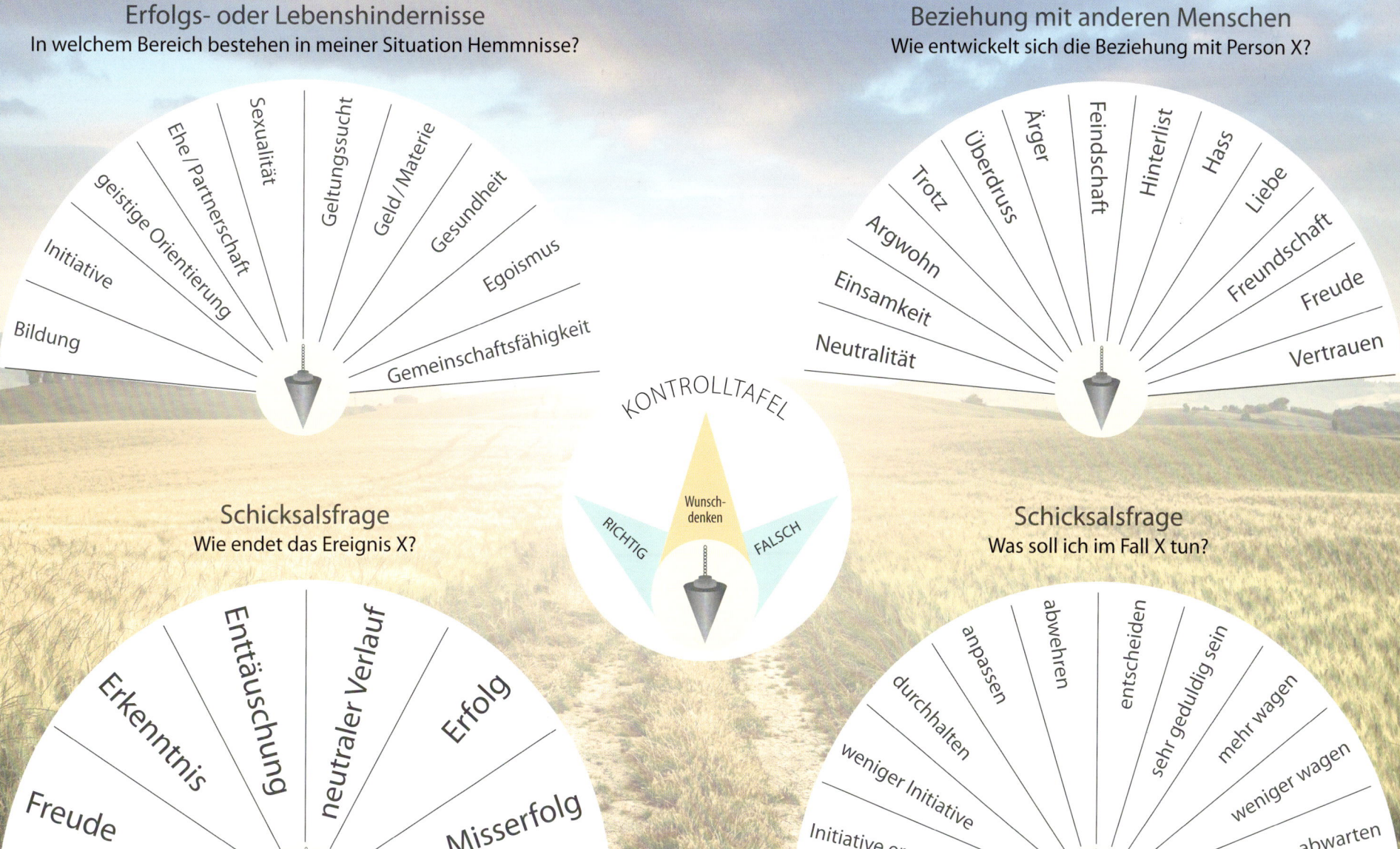

# Lebensfragen

## TUGENDEN, DIE ICH ENTWICKELN SOLLTE

- Ehre
- Demut
- Dankbarkeit
- Bescheidenheit
- Barmherzigkeit
- Ausdauer
- Aufrichtigkeit
- Anteilnahme
- Anstand
- Anpassungsfähigkeit
- Einfachheit
- Geduld
- Gewissenhaftigkeit
- Großzügigkeit
- Güte
- Hingabe
- Klugheit
- Loyalität
- Milde
- Mut
- Nachgiebigkeit
- Respekt
- Selbstlosigkeit
- Sorgfalt
- Treue
- Umsicht
- Vernunft
- Verschwiegenheit
- Verständnis
- Würde

## LASTER, DIE ICH ABLEGEN SOLLTE

- Angeberei
- Bösartigkeit
- Brutalität
- Egoismus
- Eifersucht
- Eitelkeit
- Feigheit
- Geiz
- Genusssucht
- Grausamkeit
- Heuchelei
- Intoleranz
- Intrige
- Kleinlichkeit
- Leichtsinn
- Misstrauen
- Neid
- Oberflächlichkeit
- Prahlerei
- Rachsucht
- Schadenfreude
- Schwatzhaftigkeit
- Starrsinn
- Stolz
- Tücke
- Treulosigkeit
- Überheblichkeit
- Undankbarkeit
- Unwahrheit
- Unanständigkeit

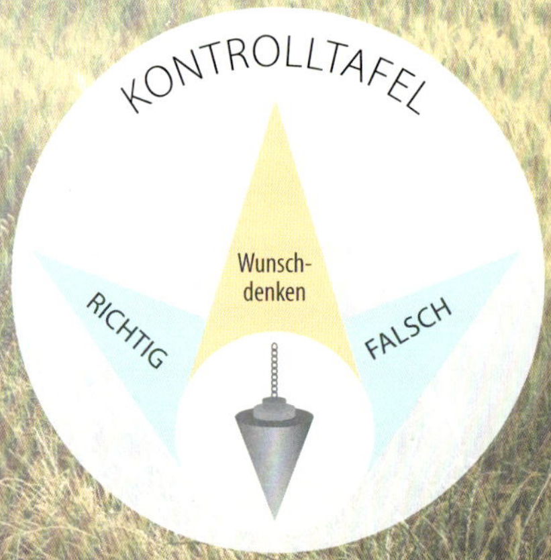

## KONTROLLTAFEL

RICHTIG — Wunschdenken — FALSCH

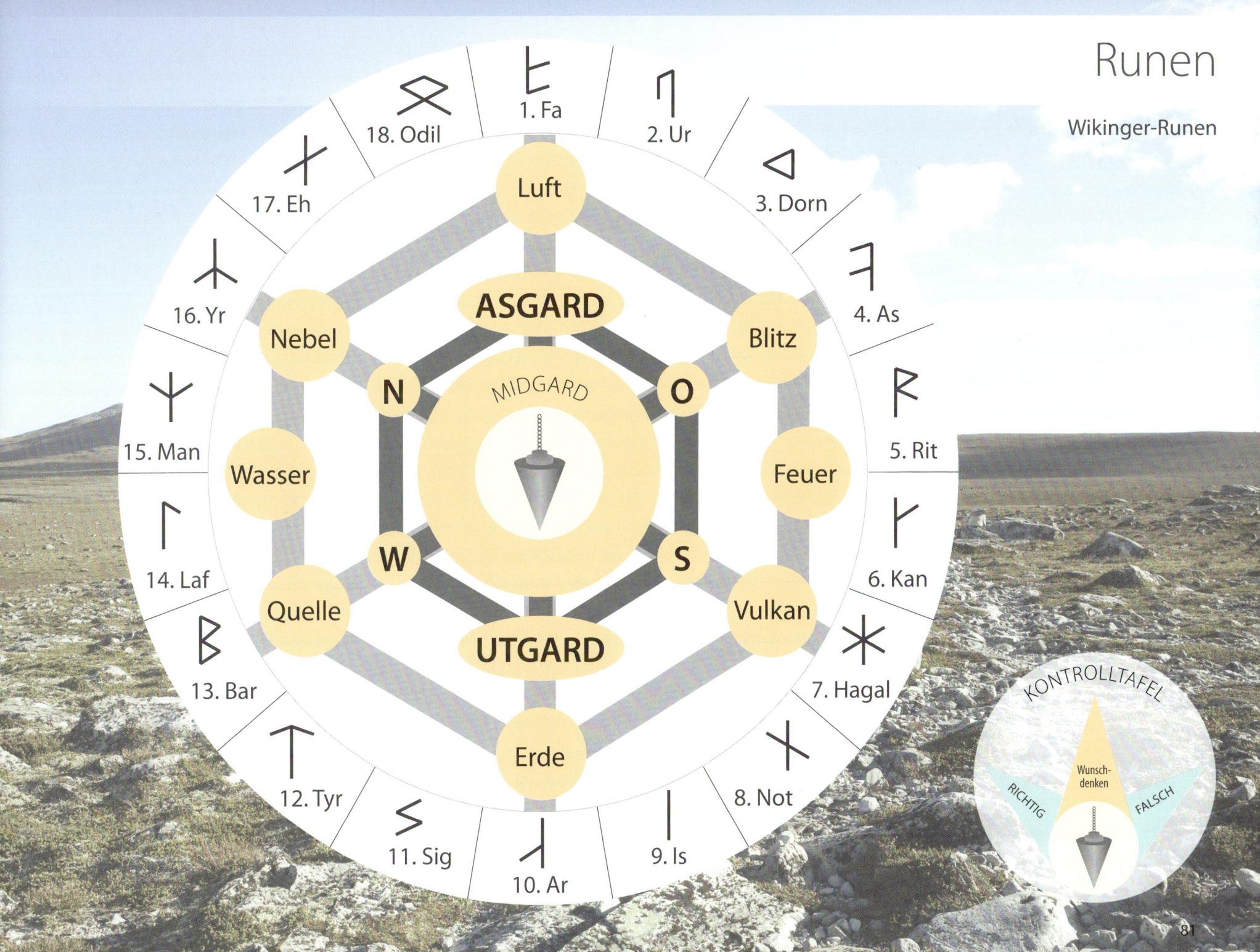

# Runen

Älteres Futhark

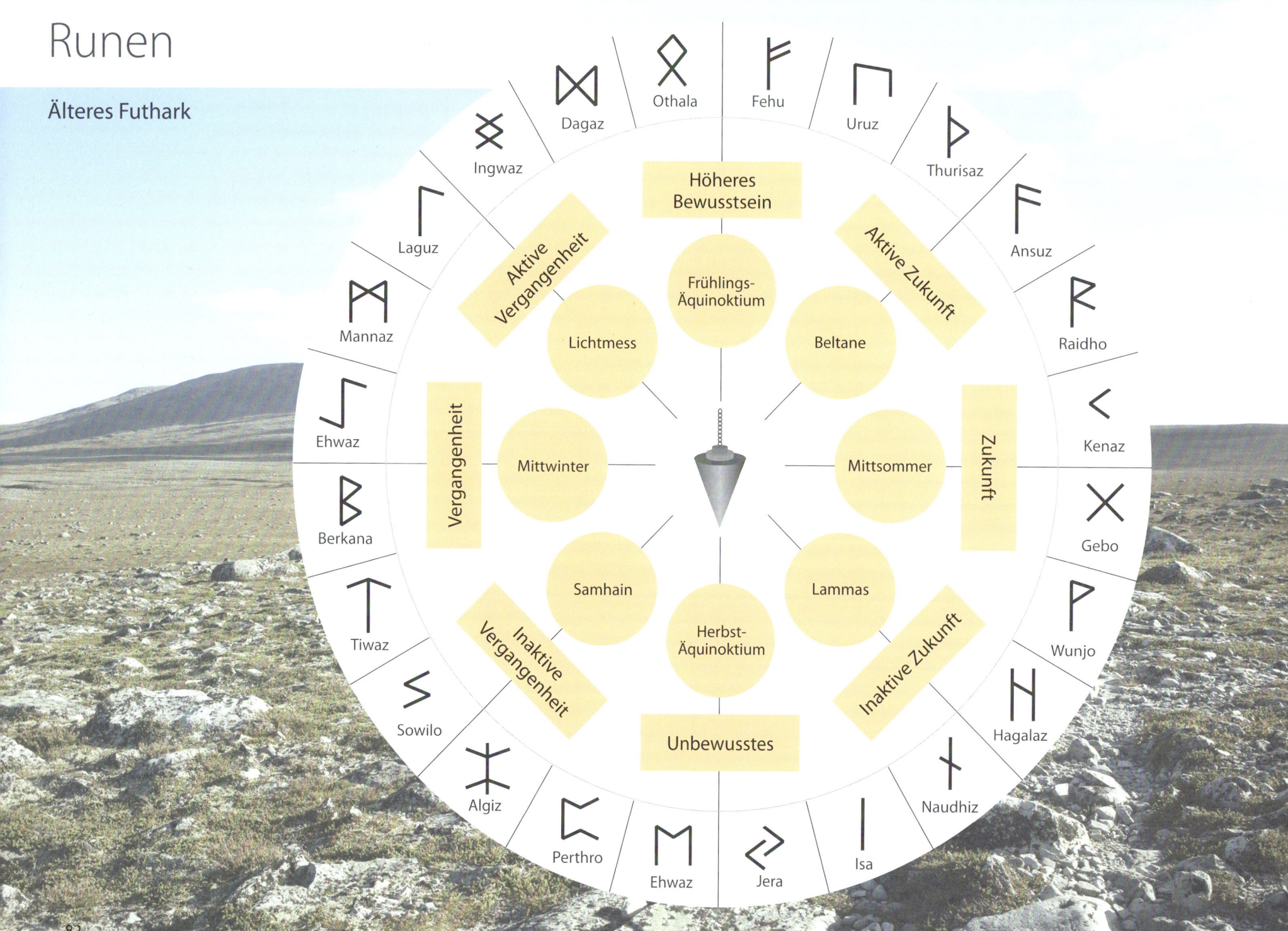

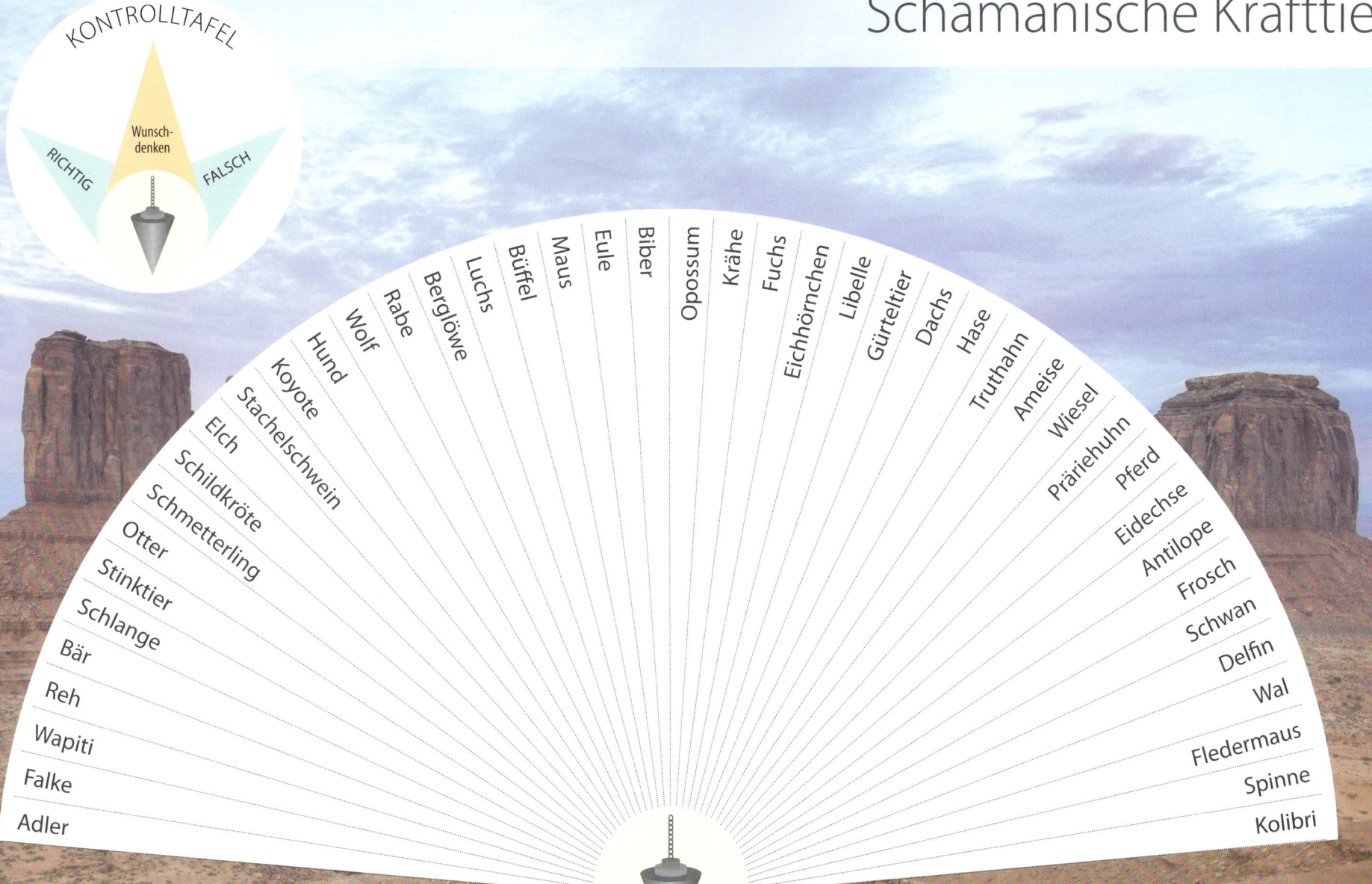

# Schamanische Krafttiere

# I-Ging-Orakel

Pendeln Sie mit der **rechten Pendeltafel** zuerst das **untere Trigramm** aus, dann **das obere.** Anhand der unten stehenden Tabelle können Sie nun die Nummer des Hexagramms finden.

Erfragen Sie auf der mittleren Pendeltafel, wie viele Linien bewegt sind.

Bestimmen Sie dann an der unteren Pendeltafel, welche Linien bewegt sind – so ermitteln Sie das veränderte Hexagramm.

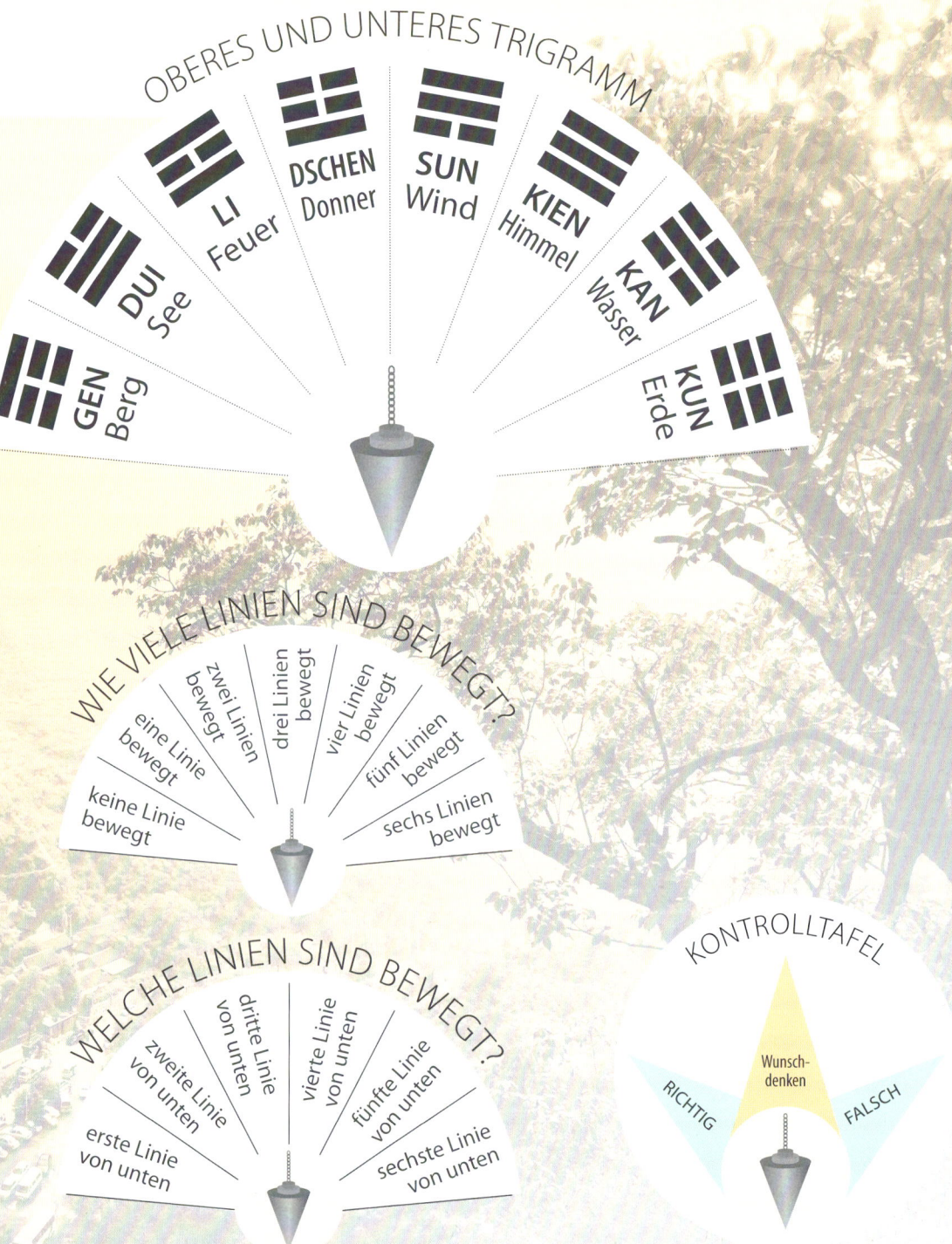

| | OBERES TRIGRAMM | | | | | | | |
|---|---|---|---|---|---|---|---|---|
| | | KIEN | DSCHEN | KAN | GEN | KUN | SUN | LI | DUI |
| UNTERES TRIGRAMM | KIEN | 1 | 34 | 5 | 26 | 11 | 9 | 14 | 43 |
| | DSCHEN | 25 | 51 | 3 | 27 | 24 | 42 | 21 | 17 |
| | KAN | 6 | 40 | 29 | 4 | 7 | 59 | 64 | 47 |
| | GEN | 33 | 62 | 39 | 52 | 15 | 53 | 56 | 31 |
| | KUN | 12 | 16 | 8 | 23 | 2 | 20 | 35 | 45 |
| | SUN | 44 | 32 | 48 | 18 | 46 | 57 | 50 | 28 |
| | LI | 13 | 55 | 63 | 22 | 36 | 37 | 30 | 49 |
| | DUI | 10 | 54 | 60 | 41 | 19 | 61 | 38 | 58 |

# Astrologie

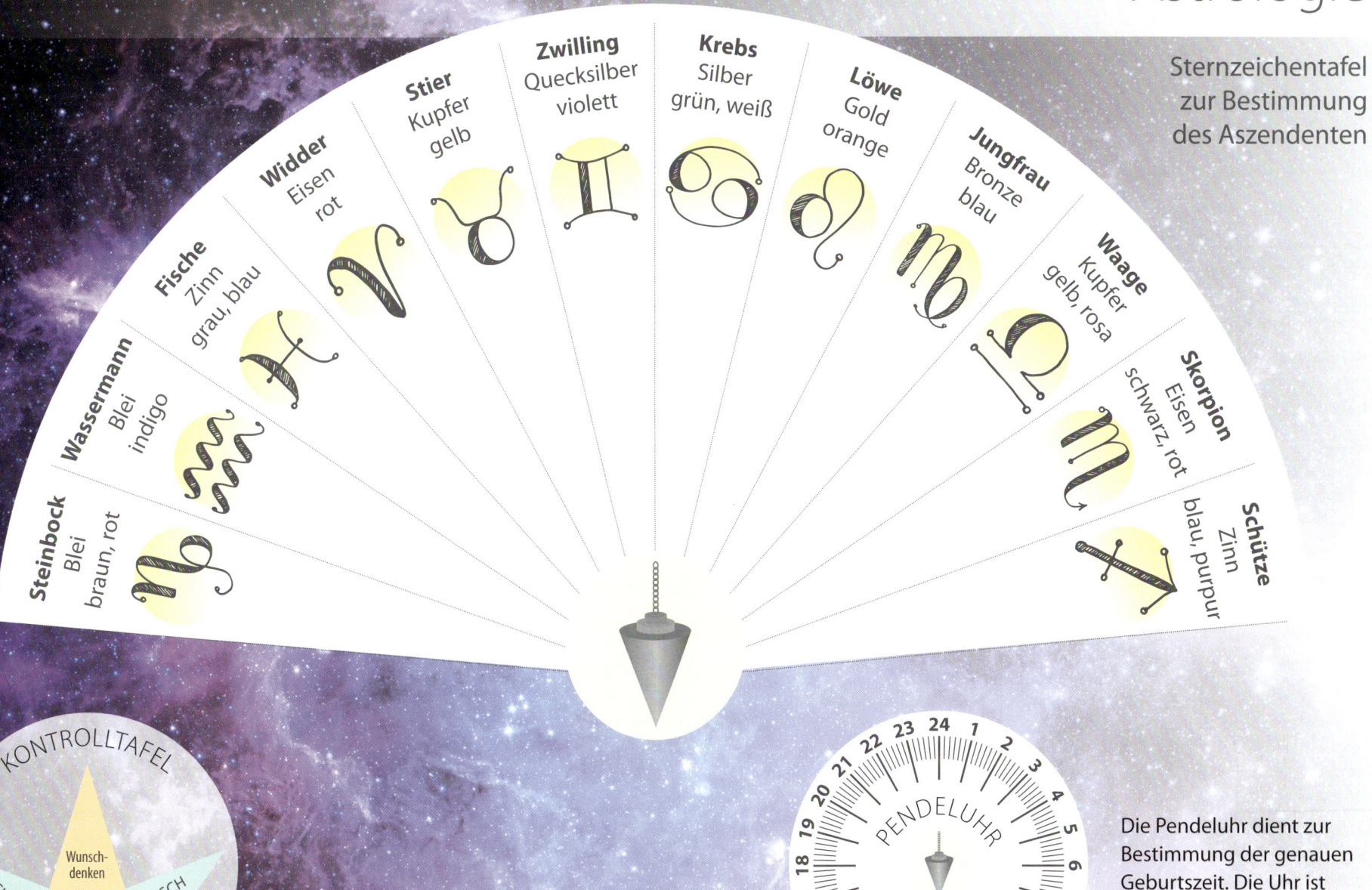

Sternzeichentafel zur Bestimmung des Aszendenten

Die Pendeluhr dient zur Bestimmung der genauen Geburtszeit. Die Uhr ist in 10-Minuten-Teilstriche aufgeteilt.

# Astrologie

## Die psychischen Energien der Planeten

An welcher Energie mangelt es mir?
Was ist mein bester Planet (beste Energie)?
Was ist mein schlechtester Planet (schlechteste Energie)?
Welcher ist mein Spannungsherrscher?

**KONTROLLTAFEL**
RICHTIG — Wunschdenken — FALSCH

**MERKUR** — logisches Denken, Verstand, Sprache, Schrift, Vermittlung

**VENUS** — Anziehung, Liebe, Erotik, Harmonie, Schönheit, Kunst

**MARS** — körperliche Energie, Mut, Tatkraft, Willenskraft

**MOND** — Gefühl, Empfindung, Veränderlichkeit, Unterbewusstsein, Seele

**SONNE** — Wille, Zielbewusstsein, Macht, Individualität

**JUPITER** — Glück, Hilfe, Förderung, Unterstützung, Weisheit, Religion, Reichtum

**SATURN** — Disziplin, Ordnung, Zeit, Widerstand, Erfahrung, Persönlichkeitstiefe

**URANUS** — Originalität, Veränderung, Wandlung, Revolution

**NEPTUN** — Illusion, geistige Ideale, Opferung, Inspiration, Medialität, Zugang zum Unbewussten

**CHIRON** — Fähigkeit zur Selbstheilung, Suche nach dem höheren Sinn

**MONDKNOTEN** — karmische Aufgaben, Hingabe an das Höhere Selbst und seine Ziele

**PLUTO** — Erneuerung, Umbruch, großer Erfolg, Glücksfälle, Mobilisierung aller Kräfte

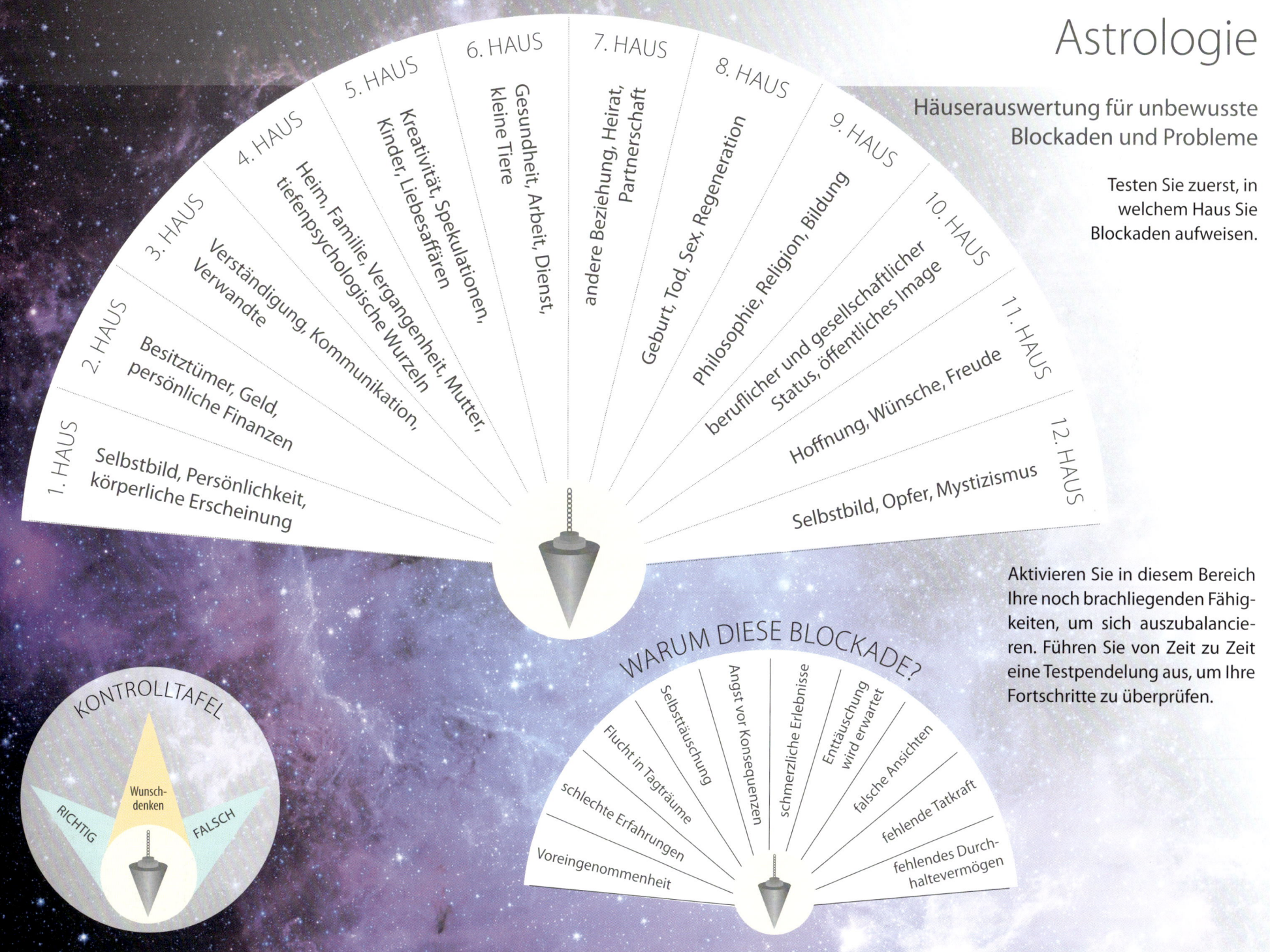

# Tarot

## Die großen Arkana

Wo finde ich meine Tageskarte?
Meine Schutzkarte?
Meine Begleiterkarte?

KONTROLLTAFEL

RICHTIG — Wunschdenken — FALSCH

Große Arkana / Kleine Arkana

- 0 Der Narr
- 1 Der Magier
- 2 Die Hohepriesterin
- 3 Die Herrscherin
- 4 Der Herrscher
- 5 Der Hohepriester
- 6 Die Liebenden
- 7 Der Wagen
- 8 Die Kraft
- 9 Der Eremit
- 10 Das Rad
- 11 Die Gerechtigkeit
- 12 Der Gehängte
- 13 Der Tod
- 14 Die Mäßigkeit
- 15 Der Teufel
- 16 Der Turm
- 17 Der Stern
- 18 Der Mond
- 19 Die Sonne
- 20 Das Gericht
- 21 Die Welt

# Tarot

Die kleinen Arkana

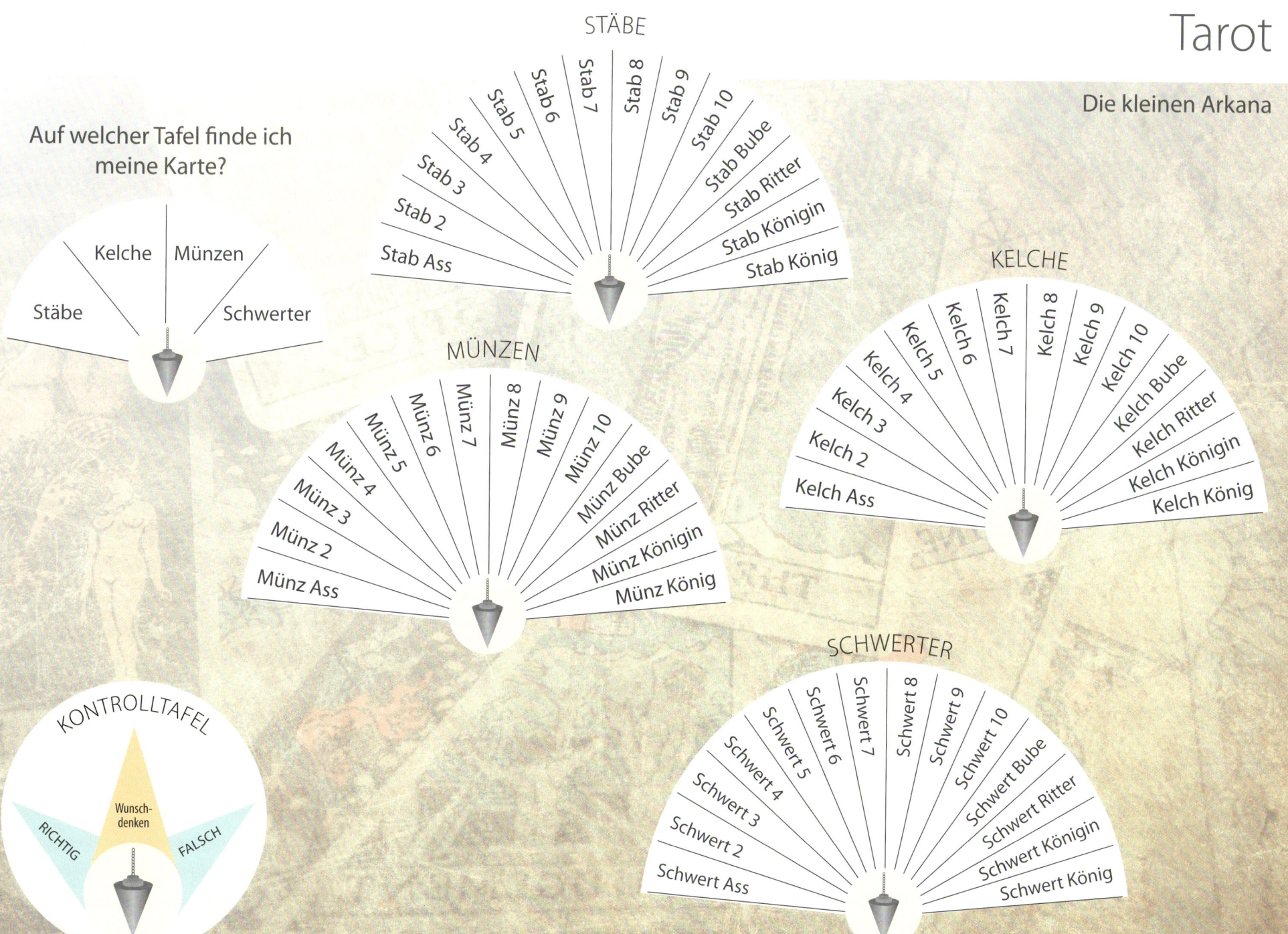

# Zum Schluss

Nachdem Sie sich durch die vielen neuen und nützlichen Diagramme durchgearbeitet haben, will ich zur Weiterführung noch einige Gedanken anfügen. Ich möchte Ihnen diese mit auf den Weg geben, vor allem, um eventuell den Vorwurf der Vereinfachung auszuräumen. In diesem Fall gilt, wie sonst auch in spirituellen Dingen, der Satz: »Der Weg ist das Ziel!«

**Pendel oder Rute?**

Die Trennung der Thematik in die beiden Bücher »Pendel-Welten« und »Ruten-Welten« bot sich an, weil beide Titel auch Einführungen in die jeweilige Handhabung sein sollen. Selbstverständlich kann vieles, was hier mit dem Pendel abgefragt wurde, genauso mit der Rute ermittelt werden. Welche Themen Sie mit einem Pendel (eventuell sogar mit einem speziellen Pendel) erkunden und welche mit einer Rute, ist zum Teil eine Sache der Gewohnheit. Im Zweifel sollten Sie die Entscheidung danach treffen, mit welchem Werkzeug Sie besser umgehen können oder welches Hilfsmittel Sie persönlich bevorzugen. Zur Erinnerung sei gesagt: Pendel und Rute sind nur Verstärker zur Anzeige der Schwingung bzw. der Resonanz, die Sie zu einem Begriff aufweisen.

**Pendeln mit Diagrammen**

Die vielen Diagramme sollen nicht den Eindruck erwecken, dass das Pendeln sich nahezu ausschließlich auf das Abfragen mithilfe solcher Tafeln beschränkt. Das Gegenteil ist der Fall.

Es gibt noch eine andere Ebene des Pendelns. Es soll deshalb ganz deutlich gesagt werden, dass es sich bei dem Einsatz von Diagrammen immer nur um eine Art von Resonanzabfrage handelt. Das Diagramm ersetzt dabei das eigene Gedächtnis, was bekanntlich meist nicht lückenlos ist.

Diagramme sind geeignet, viele Dinge dem Vergessen zu entreißen, sie zu ordnen und zu sortieren. Wer weiß schon sämtliche Bachblüten-Namen auswendig, um sie bei Bedarf aus dem Gedächtnis abzufragen? Oder wer kann die 12 Schüßler-Salze mit ihren 12 Ergänzungsmitteln alle mit Namen und Nummer aufsagen? Deswegen sind in diesem Buch so viele Diagramme vorgestellt, die in dieser Weise bisher noch nicht veröffentlicht wurden. Sie stellen eine Arbeitserleichterung für Sie dar.

**Mentale Abfrage**

Bei Diagrammen – so könnte man sagen – handelt es sich immer um Abfragen auf der materiellen Ebene. Wenn Sie sämtliche Bachblüten-Essenzen auswendig wissen, können Sie diese auch aus dem Gedächtnis, d. h. mental, abfragen. Das ist für geübte Pendler und Rutenkundige kein Problem.

Schwierig wird es eben nur an der Stelle, wo man sich mental auf eine bestimmte Sache konzentrieren muss, um dann eine Frage stellen zu können. Da es zu diesem Thema bereits genügend weiterführende Literatur gibt (siehe Literaturverzeichnis S. 95), kann ich in diesem Zusammenhang auf eine ausführliche Besprechung verzichten, erwähne die Möglichkeit einer mentalen Abfrage aber der Vollständigkeit halber. Die Kunst des Pendelns besteht nicht darin, möglichst alles in der Form von Diagrammen zu ermitteln. Das geht auch aus praktischen Gründen nicht, obwohl gerade Einsteiger dies gern so hätten.

Die mentale Abfrage ist eine weitere »Stufe« nach dem Abfragen von Sachverhalten über Diagramme. Ob man dazu in der Lage ist oder nicht, ist einerseits eine Sache des Einarbeitens in die Materie und andererseits eine Frage der Sensibilisierung.

Ich verdeutliche Ihnen den Weg zum mentalen Arbeiten an einem einfachen Beispiel in fünf Schritten.

Nehmen Sie einen Apfel in die linke Hand, und halten Sie das Pendel oder die Rute zwischen sich (Ihren Körper) und den Apfel. Die Frage sollte lauten: »Ist dieser Apfel gut für mich? Soll ich ihn essen?« Sie erhalten ein Ergebnis entsprechend der Qualität des Apfels und Ihrer körperlichen Verfassung, ob Sie jetzt diesen Apfel essen sollen oder nicht.

Schalten Sie nun eine zweite Person dazwischen, die den Apfel in die linke Hand nimmt, und halten Sie diese Person mit Ihrer linken Hand an deren rechter Hand fest. Der weitere Ablauf ist wie im ersten Schritt. Das Ergebnis sollte dasselbe sein, da weiterhin die Verträglichkeit des Apfels für den Pendler abgefragt wird.

Schalten Sie nun eine weitere Person dazwischen. Auch in diesem Fall sollte wieder das gleiche Ergebnis von Ihnen ermittelt werden.

Sie können die Anzahl der Personen beliebig erhöhen. Das Ergebnis muss immer das gleiche sein. Dies gehört alles noch zur Resonanzabfrage. Der Schritt zum mentalen Arbeiten erfolgt anschließend.

Legen Sie den Apfel auf einen Tisch, einen Stuhl o. Ä., so weit weg, dass Sie ihn noch sehen können. Konzentrieren Sie sich auf den Apfel. Strecken Sie Ihre linke Hand aus, um die Schwingung des Apfels aufzunehmen. Stellen Sie die gleichen Fragen wie bei Schritt 1 – das Ergebnis muss dasselbe sein wie zuvor.

Legen Sie den Apfel ins Nebenzimmer, und konzentrieren Sie sich auf ihn. Sie haben sich den Apfel inzwischen genügend angesehen. Sie kennen Ihren Apfel. Fragen Sie erneut ab: »Ist der Apfel dort auf dem Tisch im Nebenzimmer gut für mich?« Sie müssen auch in diesem Fall dasselbe Ergebnis erhalten.

Wenn das so ist, haben Sie die Gewissheit: Sie können auch mental arbeiten. Mit dieser Erkenntnis erschließen sich Ihnen bisher ungeahnte Welten. Machen Sie weiter so!

Und nun weiterhin viel Spaß und Erfolg in den »Pendel-Welten«.

Ihr Markus Schirner

# Über den Autor

Mehr von Markus Schirner

Markus Schirner ist ausgebildeter Lehrer für Kinesiologie, »Brain Gym« und »Touch for Health« sowie Massagetherapeut. Zu seinen weiteren Spezialgebieten zählen die Aroma- und Kräuterkunde, Meditations- und Atemtherapie sowie die buddhistische Philosophie. Der von ihm und seiner Frau gegründete Schirner Verlag gehört zu den wichtigsten spirituellen Verlagen Deutschlands.

www.schirner.com

**Pendel-Set**
*inklusive Messing-Pendel*
44 Seiten
ISBN 978-3-8434-1103-5

**Ruten-Welten**
*Das großen Arbeitsbuch für die Einhandrute*
96 Seiten
ISBN 978-3-8434-1542-2

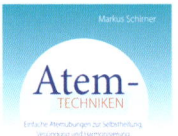

**Atem-Techniken**
*Einfache Atemübungen zur Selbstheilung, Verjüngung und Harmonisierung*
144 Seiten
ISBN 978-3-8434-1430-2
Set mit Anleitung und 40 Karten
ISBN 978-3-8434-9143-3

**Ätherische Öle anwenden**
*Über 200 Essenzen für die Aromatherapie*
296 Seiten
ISBN 978-3-8434-1526-2

**Leitfaden Räuchern mit Harzen, Kräutern und Hölzern**
*Die besten Praxis-Tipps für Einsteiger*
192 Seiten
ISBN 978-3-8434-1517-0

## Bildnachweis

Fotos S. 8–13, 90–93: Silja Bernspitz, Schirner

Foto des Pendels auf Umschlag und Titelei: Arne Gutowski, Schirner

Fotos von der Bilddatenbank www.shutterstock.com:
S. 5: #613269992 (© Elena Schweitzer), S. 6: #625180409 (© Yerko Espinoza), S. 7: #571500931 (© Katja El Sol), S. 14–15: #110877350 (© Sundari), S. 16–17: #596523143 (© Olarn Meesang), S. 18–19: #1016968081 (© PopTika), S. 20–21: #521631253 (© sumroeng chinnapan), S. 22–23: #139454717 (© David M. Schrader), S. 22: #570426196 (© nuvrenia), S. 23: #783464092 (© Peter Hermes Furian), S. 24–26: #356731586 (© Kagai19927), S. 27–31: #546329908 (© BlurryMe), S. 32–35: #538426570 (© Kotkoa), S. 36–37: #146757317 (© A. and I. Kruk), S. 38–41: #524738584 (© Zoezoe33), S. 42–43: #596523143 (© Olarn Meesang), S. 44–51: #545247169 (© zentradyi3ell), S. 52–53: #81695590 (© Kazyavka), S. 54–55: #613780988 (© Subbotina Anna), S. 56–58: #514386232 (© NATNN), S. 59: #272342072 (© Kris Tan), S. 60–61: #1007250187 (© Red Octopus), S. 62: #709276264 (© areeya_ann), S. 63: #347950235 (© TairA), S. 64–69: #191365604 (© Robert Kneschke), S. 70: #400432183 (© Evgeny Atamanenko), S. 71–76: #524124640 (© Paul shuang), S. 73: #418128811 (© Oleksandr Molotkovych), S. 77: #579199696 (© 5 second Studio), S. 78: #407135536 (© Pushish Images), Enneagramm #371145086 (© Evgeniy Belyaev), S. 79–80: #530170897 (© Scorpp), S. 81–82: #112150463 (© BMJ), S. 83: #234332470 (© RuthCho), S. 84: #59032324 (© Jun Mu), S. 85–87: #295846730 (© Aphelleon), S. 85: #655572385 (© Elen Koss), S. 86: #257221240 (© MSSA), S. 88–89: #282865454 (© Derek R. Audette)

# Literaturverzeichnis

Andres, Inge: Die ganzheitliche Duftberatung. Niedernhausen 1995
Aswynn, Freya: Die Blätter von Yggdrasil. Wien 1991
Beeler, Lucy A./Scherer, Herbert: Heilkraft mir der Stein verschafft. Buchs 1993
Bourgault, Luc: Ganzheitliche Edelsteintherapie. Freiburg 1994
Carrington, Patricia: Das große Buch der Meditation. München 1980
Dalichow, Irene/Booth, Mike: Aura-Soma. München 1994
Dorcsi, Mathias: Homöopathie heute. Reinbek 1990
Elling, Paul: Die Kunst des Pendelns. Rastatt 1988
Fellenberg-Ziegler, Albert von: Homöopathische Arzneimittellehre. Ulm 1960
Froemer, Fried: Pendeln. München 1992
Hartmann, Jane E.: Die Heilkraft der richtigen Schwingung. München 1991
Heider-Rauter, Barbara: Aura-Soma-Equilibrium. Darmstadt 2011
Heider-Rauter, Barbara: Aura-Soma Pomander, Quintessenzen, Farbessenzen, ArchAngeloi. Darmstadt 2011
Helm, Beate: Die Heilkräfte der Kalifornischen Blütenessenzen. München 1995
Herzog, Annemarie: Die Räucher-Apotheke für den Körper. Darmstadt 2014
Herzog, Annemarie: Die Räucher-Apotheke für die Seele. Darmstadt 2015
Himmel, Manfred: Bäume helfen heilen. Darmstadt 2004
Hoefler, Angelika/Atti, Mario: Reinkarnationsforschung mit dem Pendel. Haldenwang 1987
Höhne, Anita: Heiltees. München 1995
Höpfner, Otto: Einhandrute und Pyramidenenergie. Neuwied 1989
Hunkel, Karin: Das Arbeitsbuch zur richtigen Farbentscheidung. München 1994
Hürlimann, Gertrud I.: Pendeln ist erlernbar, Band 1 + 2. Zürich 1985
Jaedicke, Hans G.: Dr. Schüßlers Biochemie. Frankfurt 1976
Jakob, Georg: Das medizinische Pendelbuch. Bietigheim 1973
Keller, Erich: Das Handbuch der ätherischen Öle. München 1994
Keller, Erich: Erlebnis Aromatherapie. München 1993
Kirchner, Georg: Pendel und Wünschelrute. München 1985
Kullmann, Wilton: Die perfekte Hausentstörung. Steyr 1992
Kullmann, Wilton: Erdstrahlen und Gestirnstrahlen. Steyr 1992
Leung, Albert Y.: Chinesische Heilkräuter. Köln 1985
Meadows, Kenneth: Das Natur-Horoskop. Bern 1990
Meier, Alexandra: Die Weisheit des Waldes. Darmstadt 2016
Merz, Blanche: Orte der Kraft. Chardonne 1985
Minker, Margaret/Scholz, Renate: Das große Buch der Naturheilweisen. München 1994
Mlaker, Rudolf: Geistiges Pendeln. Berlin 1974
Muths, Christa: Farbtherapie. München 1989

Nielsen, Greg/Polansky, Joseph: Die Magie des Pendels. München 1978
Nöcker, Rose-Marie/Greypink, Joop: Das große Buch der Sprossen und Keime. München 1992
Oberbeil, Klaus: Fit durch Vitamine. München 1999
Opitz-Kreher, Karin: Dufte durch den Tag. Darmstadt 2017
Pahlow, Mannfried: Heilpflanzen. München 1989
Rätsch, Christian: Indianische Heilkräuter. Köln 1987
Reimann, Antara: Runenschätze – Namenskräfte. Darmstadt 2017
Rieder, Beate/Wollner, Fred: Duftführer. Kempten 1992
Rohr, Richard/Ebert, Andreas: Das Enneagramm. München 1989
Rosenberger, Ulla: Schutz durch die Kraft der Steine. Darmstadt 2014
Ruland, Jeanne: Krafttiere begleiten dein Leben, Band 1 + 2. Darmstadt 2004 + 2009/2017
Sams, Jamie/Carson, David: Karten der Kraft. Aitrang 1989
Schaufelberger-Landherr, Edith: Die Kraft der Steine, Band 1 + 2. Cham 1992
Schirner, Markus: Ätherische Öle anwenden. Darmstadt 2002/2017
Schirner, Markus: Pendel-Set. Darmstadt 1999
Schirner, Markus: Zum richtigen Duft. Darmstadt 2014
Schmidt, Dr. med. Edmund/Nathalie: Das Wasser-Geheimnis. Darmstadt 2016
Schmidt, Dr. med. Edmund/Nathalie: Vitalstoffe braucht jeder – auch Sie. Darmstadt 2015
Schmidt, Dr. med. Edmund/Nathalie: Vitalstoffe gezielt einsetzen. Darmstadt 2015
Severa, Frantisek/Lichtenstern, Hermann: Das große Kräuterbuch der Gesundheit. Bindlach 1994
Sharamon, Shalila/Baginski, Bodo: Das Chakra-Handbuch. Aitrang 1989
Sperling, Renate: Vom Wesen der Edelsteine. Grafing 1994
Stangl, Anton: Der Energiesensor. Düsseldorf 1989
Stangl, Anton: Gesundheit und Lebenserfüllung durch Pendeln. Düsseldorf 1995
Stangl, Anton: Pendeln. Düsseldorf 1987
Stevens, Edward: Meditieren in allen Lebenslagen. Reinbek 1994
Strasser, Maria: Die richtige Bachblüte finden. Darmstadt 2017
Sun Bear/Wabun: Das Medizinrad. München 1981
Sun Bear/Wabun/Mulligan, Crysalis: Das Medizinrad-Praxisbuch. München 1993
Szabó, Zoltán: Buch der Runen. München 1985
Ulbrich, Sabrina: Geheimnisvolle Düfte 1. Bergen 1993
Wabun/Reed, Anderson: Die Macht der heiligen Steine. München 1989
Warneck, Igor: Ruf der Runen. Darmstadt 1997/2016
Weissman, Rosemary/Steve: Der Weg der Achtsamkeit. München 1994
Wing, R. L.: Das Arbeitsbuch zum I Ging. München 1993
Wolf, Peter: Aquarome. Lemgo 1990
Zimmermann, Felix: Heilende Tees. München 1995

# Danke für deine REZENSION

— Gemeinsam sind wir mehr —

### Liebe Leserin, lieber Leser,

von Herzen danken wir dir, dass du dieses Buch in den Händen hältst und es bis zum Ende gelesen hast. Das bedeutet uns, dem Schirner Verlag und seinen Autoren, sehr viel. Aus voller Überzeugung und mit Hingabe widmen wir uns seit vielen Jahren Themen, die unser aller Lebensqualität und Bewusstwerdung dienlich sind, und hoffen, einen Beitrag für eine lichtvollere Welt leisten zu können. Wenn dir unsere Arbeit gefällt, möchten wir dich bitten, dir einige Minuten Zeit zu nehmen, um dieses Buch zu rezensieren. Warum? Die meisten Menschen lesen Rezensionen, bevor sie ein Buch kaufen, da sie hierdurch einen Eindruck bekommen, ob und wie der Inhalt des Buches den Leser erreicht hat. Eine kurze Rezension ist dabei ebenso hilfreich wie eine lange, sehr ausführliche. Um es auf den Punkt zu bringen:

### Eine Rezension ist heutzutage die beste Werbung für ein Autorenwerk!

Wenn du den Schirner Verlag und seine Autoren neben dem Buchkauf auch anderweitig unterstützen willst, dann bitten wir dich: Schreibe für jedes Werk eine Rezension – vielleicht als persönliche Leseempfehlung für die Buchhandlung in deiner Nähe oder online, z. B. beim Schirner Verlag. Das wäre nicht nur eine Wertschätzung für die Autoren, sondern kann dazu beitragen, dass die Verkaufszahlen steigen und der Schirner Verlag auch in herausfordernden Zeiten Bestand hat.

### WIE SCHREIBT MAN EINE REZENSION?

Grundsätzlich sollte eine Rezension aus der eigenen, subjektiven Sicht geschrieben werden, da es sich um eine persönliche Meinung handelt. Du kannst in zwei Sätzen deine Gedanken zu dem Buch äußern oder eine längere Rezension verfassen. Falls du nicht weißt, wie du beginnen sollst, hier ein paar Anregungen:

- War das Buch leicht verständlich geschrieben? Wie hat dir die Sprache gefallen? Wie empfindest du die Aufteilung der verschiedenen Themen?

- War es unterhaltsam? War es deiner Meinung nach mit Herzblut und Liebe geschrieben? Wie hat es auf dich gewirkt?

- Hat es dein Herz berührt? Konntest du dich wiederfinden?

- War es tief greifend genug? Hast du viel Neues gelernt?

- Hat es gehalten, was der Titel und die Buchbeschreibung versprochen haben? Hat es deine Erwartungen erfüllt?

- Was macht das Buch besonders? Warum sticht es heraus im Vergleich zu anderen Büchern, die ein ähnliches Thema behandeln?

- Würdest du das Buch weiterempfehlen oder verschenken?

*Dankeschön*